LA BATTAGLIA DI CRETA
MAGGIO 1941
IL CONTRIBUTO DELLE FORZE ARMATE ITALIANE

DI
Francesco Mattesini

AUTORI

Francesco Mattesini, nato ad Arezzo il 14 aprile 1936, residente a Roma dall'estate 1951, ha prestato servizio, tra il febbraio 1958 e il luglio 1999, presso il IV Reparto dello Stato Maggiore dell'Esercito. Studioso ed esperto di guerra aeronavale, ricercatore abile e meticoloso, membro della Società di Storia Militare e dell'Associazione di Documentazione Marittima e Navale, già attivo collaboratore del Giornale d'Italia per il quale ha curato la rubrica "Verità Storiche", ha scritto, svelando molti retroscena, numerosissimi articoli di carattere politico-militare su quotidiani e stampa specializzata, ed ha pubblicato, con editori privati, i volumi "La battaglia d'Inghilterra"; "Il giallo di Matapan"; "La battaglia aeronavale di mezzo agosto"; e con coautore, soltanto per la parte politica, il Prof. Alberto Santoni, "La partecipazione tedesca alla guerra aeronavale nel Mediterraneo", alla seconda edizione, (2005), di cui ha curato tutta la parte della ricerca, operativa, statistica e grafica. Nel 2019 Mattesini ha pubblicato "Luci e ombre degli aerosiluranti italiani Agosto 1940 -. Settembre 1943 e "La battaglia aeronavale di mezzo-agosto: Il concorso delle forze italo-tedesche all'operazione britannica "Pedestal. 10–15 agosto 1942". È socio da moltissimi anni della Società di Storia Militare (SISM) e della Associazione Italiana Documentazione Marittima Navale (AIDMEN), per le quali ha prodotto diversi saggi.

Francesco Mattesini, born in Arezzo (Italy) on April 14, 1936. He moved to Rome in July 1951. He served, as civilian employee, at the Italian Army General Staff, 4th Department, from 1959 to 2000. Collaborator of the Historical Offices of the Italian Military Navy and the Air Force Historical Office, for which 20 books and about 60 essays were produced. He is currently retired, always living in Rome.

LICENSES COMMONS

This book may utilize part of material marked with license creative commons 3.0 or 4.0 (CC BY 4.0), (CC BY-ND 4.0), (CC BY-SA 4.0) or (CC0 1.0). We give appropriate attribution credit and indicate if change were made in the acknowledgments field. Our WTW books series utilize only fonts licensed under the SIL Open Font License or other free use license.

on the Cover: Peter McIntyre, Parachutists landing on Galatas, 20 May 1941 take from Flick: Archives reference: Ref: AAAC 898 NCWA 16 - AAAC 898 91 / NCWA 338 Both McIntyre's paintings, are from the Archives New Zealand War Art Collection,. release with license creative commons 2.0.

la gran parte parte delle immagini qui riprodotte provengono dagli archivi pubblici italiani di esercito, marina e aviazione, dove l'autore ha prestato servizio per tanti anni, o da fonti di libero utilizzo per raggiunto status di pubblico dominio. Related all the British navy or RAF image of the book the expiry of Crown Copyrights applies worldwide because: It is photograph taken prior to 1 June 1957 and/or It was published prior to 1970 and/or It is an artistic work other than a photograph or engraving (e.g. a painting) which was created prior to 1970

For a complete list of Soldiershop titles please contact Luca Cristini Editore on our website: www.soldiershop.com or www.cristinieditore.com. E-mail: info@soldiershop.com

Titolo: **La battaglia di Creta maggio 1941** Code.: SPS-062 Di Francesco Mattesini.
ISBN code: 9788893275965 prima edizione maggio 2020 (ebook ISBN 9788893275972)
Lingua: Italiano - layout 177,8x254mm Cover & Art Design: Luca S. Cristini

Pubblicato da Luca Cristini Editore, via Orio, 35/4 - 24050 Zanica (BG) ITALY. www.soldiershop.com

La genesi dell'operazione Merkur (Mercurio)

Verso la metà del mese di aprile del 1941, mentre era in pieno svolgimento l'offensiva tedesca nei Balcani, contro la Jugoslavia e la Grecia, campagne che l'efficientissima e ben guidata macchina bellica germanica concluse rapidamente nello spazio di due settimane, il generale Kurt Student, comandante dell'11° Corpo Aereo (XI Fliegerkorps) dislocato nella Germania centrale, esaminò la possibilità di occupare l'isola di Creta, che rappresentava l'ultimo baluardo britannico nella zona dell'Egeo. L'impresa doveva svolgersi mediante uno sbarco in forze di truppe aviotrasportate, per poi impiegarle, a operazione conclusa, per conquistare il Canale di Suez. Student ne parlò con il suo diretto superiore generale Alexander Löhr, Comandante in Capo della 4ª Squadra Aerea (4ª Luftflotte), che aveva alle dipendenze altre all'XI Fliegerkorps, con i reparti da trasporto della Luftwaffe e i paracadutisti della 7ª Divisione, anche gli stormi da bombardamento e da caccia dell'VIII Fliegerkorps (comandato del generale Wolfram Freiherr von Ricacciatorpedinierehofen cugino del barone rosso della prima guerra mondiale), allora impegnati in una martellante e distruttiva offensiva contro la Grecia. Nel frattempo, anche il generale Alfred Jodl, capo dell'organo operativo dell'OKW l'Alto Comando delle Forze Armate tedesche, che agiva sempre in base alle direttive del Führer, per rendere sicuro il fianco sud dell'Europa occupato dalla Germania alla metà di febbraio aveva incaricato la dipendente Sezione L

A destra il generale dei Fallschirmjäger Kurt Student, comandante dell'XI Fliegerkorps, cui si deve il piano presentato all'approvazione di Hitler per l'invasione e la conquista di Creta. Alla sua sinistra è il maggior generale Bernhard-Hermann Ramcke.

A sinistra dell'immagine, ripresa in Russia nel febbraio 1942, è il generale Alexander Löhr, comandante della 4ª Flotta Aerea Tedesca (4ª Luftflotte), la grande unità della Luftwaffe che aveva appoggiato la vittoriosa avanzata delle forze terrestri tedesche nei Balcani. A destra e il suo subalterno generale Freiherr Wolfram von Richthofen, comandante dell'VIII Corpo Aereo (8° Fliegerkorps) della 4ª Luftflotte, che era stato impegnato sul fronte della Grecia. Ai due alti ufficiali fu affidato il compito di appoggiare con le loro unità aeree l'aviosbarco a Creta dei paracadutisti della 7ª Divisione e degli alpini della 5ª Divisione da Montagna, da realizzare con i velivoli da trasporto e gli alianti l'XI Fliegerkorps, comandato dal generale Student, anch'esso inquadrato nella 4ª Luftflotte.

(Luftwaffe), comandata dal generale Walter Warlimont, di stabilire se dal punto di vista strategico fosse stato più importante impadronirsi di Malta o di Creta. La conquista di Malta, che costituiva una spina sul fianco delle comunicazioni navali con la Libia, avrebbe dovuto realizzarsi con l'impiego della 7ª Divisione paracadutisti (7ª Flieger Division) e della 22ª Divisione di fanteria aviotrasportata sotto la direzione dell'Alto Comando della Luftwaffe (OBdL), mentre alla Marina italiana sarebbero stati richiesti compiti di secondo piano. Ma l'impresa fu considerata allora di difficile attuazione, e da risolvere soltanto dopo l'esito della campagna di Grecia, compresa la conquista di Creta, e l'attacco all'Egitto. Adolf Hitler, che intendere invadere la Russia, e convinto di dover sviluppare un'azione strategica quanto più possibile verso oriente, attribuì anch'esso un'importanza molto maggiore a Creta, anche perché quest'isola, oltre a chiudere il mare Egeo, *"costituiva un trampolino per un ulteriore balzo verso l'area di Suez"*.[1]

---

[1] B.H. Liddell Hart, *Storia di una sconfitta, Parlano i generali del III Reich*, Milano, Rizzoli, 1973, p. 273-274; A. Hillgruber, *La Strategia militare di Hitler*, Milano, Rizzoli, 1986, p.518 sg; F. Mattesini, *L'attività aerea italo-tedesca nel Mediterraneo. Il contributo del "X Fliegerkorps", Gennaio – Maggio 1941*, Stato Maggiore dell'Aeronautica Ufficio Storico (da ora in poi U.S.A.), Roma, 1955, p. 243.

In effetti, occorre dire che sebbene la conquista di Malta avrebbe portato l'Asse al controllo del Mediterraneo centrale, con notevole beneficio per la difesa delle rotte libiche, il possesso di Creta – con la base navale di Suda, importantissimo scalo di rifornimento per la Mediterranean Fleet e per agevolare il passaggio dei convogli britannici diretti a Malta da levante – era in quel momento altrettanto importante, se non di più, di quello di Malta. Creta, infatti, permetteva ai tedeschi di controllare il Mare Egeo, da dove cominciava ad affluire in Italia dal Mar Nero, passando per i canali dei Dardanelli e di Corinto, il traffico delle petroliere provenienti dal porto rumeno di Costanza. Offriva inoltre un sensibilissimo vantaggio reciproco, per tedeschi e italiani, per la guerra aeronavale nel Mediterraneo orientale, e un insostituibile trampolino per l'appoggio all'offensiva del generale Erwin Rommel, Comandante dell'Afrika Korps, verso l'Egitto. In definitiva il possesso di Creta permetteva di eliminare ogni potenziale pericolo alle spalle dello schieramento terrestre tedesco che si estendeva dalla Finlandia al Mar Nero.

Con queste considerazioni, il generale Löhr sottopose la proposta del generale Student di invadere Creta al Comandante in Capo delle forze aeree germaniche, maresciallo del Reich Hermann Göring, che aveva trasferito il suo Quartier Generale sul Sommering, in Austria. Göring, desideroso di dimostrare la capacità della Luftwaffe in una complessa operazione di aviosbarco, in modo da attenuare la diffusa delusione del Führer dopo il fallimento della battaglia d'Inghilterra, ordinò a Student di presentarsi a lui il giorno 20 aprile. L'indomani il Comandante dell'XI Fliegerkorps, accompagnato dal suo capo di stato maggiore generale Heinrich Trettner, fu ricevuto da Hitler, che si trovava nel suo Quartier Generale di Moenichkirken (Austria). Il Führer, volendo allontanare la minaccia della Royal Air Force (RAF) dai campi petroliferi rumeni di Ploesti vitali per lo sforzo bellico della Germania producendo sette milioni di tonnellate di prodotti l'anno, apprezzò il progetto di Student, che era appoggiato anche dal Capo di Stato Maggiore della Luftwaffe, generale Hans Jeschonnek.

La decisione fu presa il 21 aprile, e quattro giorni più tardi il Führer, fissando la data d'inizio dell'attacco per il 15 maggio, emanò la Direttiva n. 28, nella quale si indicava il possesso di Creta necessario *"come base di guerra aerea contro la Gran Bretagna nel Mediterraneo orientale"*.[2]

Occorre anche dire che nella decisione di Hitler, di perfezionare il sistema di difesa dell'Europa sud-orientale, v'influiva, oltre alle considerazioni d'indole strategiche che abbiamo esaminato, il fatto che tutta la strategia della Germania era rivolta a pianificare le future operazioni del piano "Barbarossa" contro l'Unione Sovietica, che il Führer e l'OKW si ripromettevano di realizzare, prevedendo l'occupazione dei territori dell'Ucraina fino al Caucaso. Doveva poi seguire, com'era negli auspici del grande ammiraglio Erich Raeder capo della Kriegsmarine, la conquista dell'Isola di Cipro e del Canale di Suez, e la successiva avanzata verso la Siria, l'Irak e il Golfo Persico, in modo da impossessarsi dei grandi giacimenti petroliferi del Medio Oriente, e permettere all'Asse di scacciare il nemico dal Mediterraneo, e minacciare l'India.

---

[2] K. Gundelach, "La battaglia di Creta *1941*", in *Le battaglie decisive della 2ª guerra mondiale* Milano, Baldini & Castaldi, 1974, p. 126-sg.

La responsabilità di dirigere l'azione di aviosbarco a Creta, chiamata in codice "Fall Merkur" (Operazione Mercurio) cui il Führer dette la precedenza assoluta, fu affidata al generale Löhr. Invece all'ammiraglio Karl-Georg Schuster, che come responsabile della Kriegsmarine per il settore sudorientale aveva il comando navale dell'Egeo (Ammiraglio Sud-Est), fu assegnato il compito di dirigere le operazioni di natura anfibia collegate all'aviosbarco.

Adolf Hitler col maresciallo del Reich Herman Goering, Comandante la Luftwaffe a cui fu presentato dal generale Student il piano dell'invasione di Creta, da lui approvato e presentato all'attenzione del Führer.

Superaereo, l'organo operativo dell'Alto Comando della Regia Aeronautica, fu informato dei preparativi dell'operazione "Merkur" dal colonnello pilota Giuseppe Teucci, proprio ufficiale addetto presso l'OBdL, e il 27 aprile, il generale Francesco Pericolo, Sottosegretario di Stato e Capo di Stato Maggiore dell'Aeronautica, preannunciò al Comando Supremo (Stamage) il trasferimento del X Fliegerkorps in Grecia e la "*occupazione delle isole greche dell'Egeo Creta compresa*", facendo grande uso di paracadutisti tedeschi. Era gradito il concorso delle Forze Armate italiane. Lo stesso giorno, Pricolo informava Stamage sul contenuto di una richiesta, pervenuta dal maresciallo Göring, il quale chiedeva di voler conoscere i dettagli dell'organizzazione militare delle Isole Italiane dell'Egeo, in particolare quelli della difesa degli aeroporti. Era pertanto evidente che l'alto ufficiale germanico intendeva *"giudicarne la sicurezza per eventuale urgentissima dislocazione forze aeree tedesche"*.[3]

Il 29 aprile Superaereo, ricevette dal proprio ufficiale di collegamento a Vienna, maggiore Issmann, la notizia, pervenuta dal Comando della 4ª Luftflotte, che l'isola di Creta rientrava entro la zona d'influenza dell'VIII Fliegerkorps, e che in giornata quella grande unità aerea avrebbe iniziato l'attacco in forze contro gli obiettivi navali dell'isola. Pertanto, per evitare interferenze di carattere operativo, occorreva che l'attività dei reparti aerei italiani fosse disciplinata con accordi preventivi da stabilire tra Superaereo e il generale Ritten von Pohl, ufficiale di collegamento dell'OBdL a Roma. Sempre il 29 aprile Stamage, tramite il generale Alfredo Guzzoni Sottocapo di Stato Maggiore Generale, rispondeva a una richiesta di spiegazioni sulle imposizioni operative tedesche in Egeo, avanzata il giorno 28 dal generale Ettore Bastico, Governatore e Comandante Superiore delle Isole Italiane dell'Egeo (Egeomil), affermando che i compiti assegnati all'aviazione del Dodecaneso, preferibilmente gli obiettivi di Alessandria e del Canale di Suez, non escludevano di attaccare in Egeo. Si aggiungeva esservi la possibilità di un intervento delle Forze Armate di Egeomil nell'azione contro Creta, in concorso con le Forze Armate tedesche, che si preparavano a invadere l'isola.[4]

Il 1° maggio Stamage informava Egeomil che, in seguito ad una notizia pervenuta a Superaereo dall'OBdL la linea di demarcazione tra l'Aeronautica italiana e quella tedesca, cui era riservato quasi tutto l'Egeo, includeva un'estensione di mare di 50 km a ovest e a sud di Creta, oltre la quale doveva agire esclusivamente la Luftwaffe. L'indomani Superaereo fu informato dal tenente colonnello pilota Ronti, distaccato presso il Comando della 4ª Luftflotte, che gli aerei tedeschi, provenendo dalla Romania e facendo scalo a Gadurra (Rodi) per il rifornimento di carburante, avevano iniziato a posare mine magnetiche presso Suez e Alessandria. Si trattava degli He. 111 del 2° Gruppo del 4° Stormo da Bombardamento (II./KG.4).

Il 9 maggio Guzzoni invitò Superaereo a informare l'O.B.d.L, che Egeomil avrebbe svolto le ricognizioni aeree *"anche al di fuori della linea dei demarcazione dell'Aeronautica italiana, data la necessità di sorvegliare il traffico per Candia"*. L'indomani, Bastico rappresentò a Stamage la necessità di chiedere al comando tedesco di voler fornire a Egeomil *"tutte le notizie sulla situazione militare di Creta dato che"* era stato vietato ai velivoli dell'Aeronautica dell'Egeo di sorvolare quell'isola, e pertanto era loro negato di effettuarvi le ricognizioni e le azioni offensive. Un rospo, per gli italiani, difficile da digerire, sebbene fosse giustificato con la precauzione di non creare incidenti con gli aerei tedeschi, a causa dei precedenti, accaduti sui cieli di Malta, della Libia e della Grecia, da parte dei piloti da caccia della Regia Aeronautica, che spesso avevano attaccato i velivoli della Luftwaffe, scambiandoli per britannici.

Da parte tedesca, quello stesso giorno 10 il generale Enno von Rintelen, ufficiale di collegamento dell'OKW presso Stamage, rese noto che il Comando della 12ª Armata, distaccata in Grecia, riteneva necessario stabilire uno stretto accordo con le forze italiane per concorrere alla prossima invasione di Creta. Pertanto, richiese che fossero messi a

---

[3] Archivio Ufficio Storico Aeronautica (da ora in poi ASMAUS), Carteggio vario con Addetto Aeronautico a Berlino, fondo *INF 2*, b. 23.
[4] Archivio Ufficio Storico Esercito (da ora in poi ASMEUS), fondo *Egeomil*, b. 765, allegato 301.

disposizione per l'impresa i reparti aerei, i mezzi navali e quelli terrestri presenti nelle isole del Dodecaneso, e rappresentò la *"necessità di inviare un ufficiale di collegamento germanico a Rodi"*, per mantenere i collegamenti con Egeomil. E certamente per rendere più appetitosa la richiesta del Comando della 12ª Armata, l'Ammiraglio Sud-Est espresse *"la sua soddisfazione per il modo con cui le siluranti di Lero"* avevano *"assolto il loro recente compito di collaborazione"*, nelle operazioni che avevano portato, nelle ultime fasi della campagna balcanica, e a occupare le isole greche dell'Egeo. Di questo elogio Stamage informò il generale Bastico, che l'11 maggio, comunicò *"di aver preso contatto con le autorità tedesche e sugli accordi presi con le stesse"* per dar corpo alla forma di collaborazione richiesta dall'alleato, confermata l'indomani.[5]

Il generale di armata Ettore Bastico, Governatore e Comandante Superiore delle Forze Armate italiane dell'Egeo, ripreso a bordo di un motoscafo della Regia Marina mentre é impegnato in una ispezione a una località del Dodecaneso.

I tedeschi espressero a Egeomil anche il desiderio di poter disporre dell'aeroporto a Scarpanto, da cui si controllava il Canale di Caso all'estremità orientale di Creta, per dislocarvi un gruppo di Stuka per tutto il periodo dell'operazione. Il generale Bastico accondiscese alla richiesta, e il 12 maggio fu autorizzato dal Comando Supremo. Lo stesso giorno il tenente colonnello Ronti, ora distaccato a Salonicco presso il Comando avanzato della 4ª Luftflotte, informò Superaereo che lo sbarco su Creta sarebbe cominciato il giorno X (Null Tag) con lancio di paracadutisti per occupare gli aeroporti, in modo da permettere l'atterraggio dei velivoli da trasporto con truppe alpine. Se ciò non fosse stato possibile gli alpini

---

[5] Stato Maggiore Esercito Ufficio Storico (da ora in poi SMEUS), *Diario Storico del Comando Supremo*, vol. IV, Tomo I, p. 70, 75, 76. 77, 87.

sarebbero stati sbarcati all'alba del giorno X+1 da torpediniere italiane, mentre i dragamine italiani avrebbero iniziato a sgombrare le rotte per Creta ed entrare nella Baia di Suda subito dopo il lancio dei primi paracadutisti.

Sopra, un bombardamento della Baia di Suda realizzato dai velivoli dell'Aeronautica dell'Egeo il 12 maggio 1941. Come si vede la salva delle bombe è piuttosto dispersa e di scarso effetto per le navi all'ancora.

Il mattino del 13 maggio un'importante riunione si tenne presso il capo di stato maggiore di Egeomil, colonnello Ronco, presenti il capitano di vascello Padolecchia e il tenente colonnello Galliani, rispettivamente capi di stato maggiore della Marina e dell'Aeronautica dell'Egeo, e il tenente di vascello Feller, ufficiale di collegamento tedesco. Fu convenuto che i mezzi messi a disposizione da Supermarina e quelli ceduti per le operazioni dal Comando dell'Egeo, che dovevano trovarsi al Pireo per il giorno 17 maggio, a occupazione avvenuta di Creta sarebbero stati assegnati per la protezione dell'isola. Nel corso delle operazioni le unità navali operanti a oriente di Creta avrebbero avuto la facoltà di rifornirsi a Lero e, facendone richiesta a Marina Rodi, limitatamente a Stampalia, mentre le unità che si trovavano nella zona occidentale e settentrionale di Creta avrebbero potuto rifornirsi al Pireo.

Quanto all'Aeronautica dell'Egeo, che aveva soltanto vent'otto aerei da bombardamento, tre dei quali con equipaggi notturni, e alcuni aerosiluranti, la sua attività sarebbe stata limitata alla disponibilità di siluri e mancanza di carburante. Fu messo in chiaro che, in tali condizioni lacunose, il carburante non poteva essere ceduto ai reparti tedeschi, da dislocare negli aeroporti del Dodecaneso, se non nel caso d'assoluta necessità Inoltre il contributo che poteva fornire l'Esercito alle operazioni contro Creta sarebbe stato limitato a un solo battaglione di fanteria rinforzato da armi di accompagnamento, ma soltanto dopo autorizzazione da parte di Stamage.

Il 14 maggio, il colonnello Teucci spedì a Roma da Berlino la traduzione integrale dell'ordine di operazione emanato a Vienna dal Comando della 4ª Luftflotte (n. 100002/41 datato 29 aprile), in cui si portava a conoscenza che avrebbero partecipato all'aviosbarco le forze dell'XI Fliegerkorps, posto sotto il Comando dell'Esercito, che a sua volta avrebbe impegnato la 6ª Divisione da Montagna e un Reggimento di Fanteria della 5ª Divisione da Montagna, in tutto 23.000 uomini + 503 aerei in dieci gruppi da trasporto e 71 alianti. Per quanto riguardava il X Fliegerkorps era in corso il trasferimento dalla Sicilia in Grecia dei bombardieri Ju. 88 del 1° Stormo Sperimentale con i gruppi II./LG.1, III./LG1, III./KG.30, e gli He. 111 del II./KG.26, per rinforzare l'VIII Fliegerkorps, che avrebbe disposto, di quindici gruppi d'impiego, con approssimativamente *"una forza da combattimento di 280 bombardieri, più di 150 tra bombardieri in picchiata e aerosiluranti, 180-200 da caccia e cacciabombardieri, e 40 da ricognizione"*.[6]

Il 16 maggio il generale Bastico telegrafò a Stamage, per comunicare l'arrivo sull'aeroporto di Scarpanto di un gruppo di venti velivoli da bombardamento in picchiata Ju. 87 tedeschi, velivoli del 3° Gruppo del 2° Stormo Stuka (III./St.G.2). Pertanto sollecitava il Comando Supremo per inviare nel Dodecaneso benzina e lubrificanti *"nella maggiore quantità possibile"*, allo scopo di permettere alle forze aeree dell'Egeo, italiane e tedesche, di non trovarsi nella necessità di dover interrompere l'attività operativa. Per il servizio di difesa dell'aeroporto di Scarpanto il generale Longo, vi destinò i velivoli Cr. 42 della 162ª Squadriglia Caccia Terrestre, *"al cui Comandante venne categoricamente ordinato – volenti o nolenti i tedeschi – di scortare gli Stukas nei loro eventuali attacchi alla flotta inglese e agli obiettivi terrestri di Creta"*.[7]

Il 17 maggio il generale Jeschonnek, Capo di Stato Maggiore della Luftwaffe, e il generale von Richthofen, Comandante dell'VIII Fliegerkorps, arrivarono a Rodi per concordare con il generale Ulisse Longo, Comandante dell'Aeronautica dell'Egeo, i compiti di massima che gli erano assegnati nell'operazione "Merkur": *"i caccia dislocati a Scarpanto avrebbero svolto servizio di allarme ed eventualmente, di scorta a reparti tedeschi"*; i bombardieri e gli aerosiluranti avrebbero sorvegliato il Mediterraneo orientale da Caso a Porto Said, attaccando i convogli e le unità navali avvistate, e gli obiettivi terrestri di Creta che il Comando tedesco *"avrebbe di volta in volta indicato"*.[8] Con questi accordi del 18 maggio, approvati dal generale Bastico, fu definito il desiderio di un più alto contributo alla battaglia di Creta da parte dell'Aeronautica Egeo.

---

[6] Walter Ansel, *Hitler and the Middle Sea*, Duke University Press, Durham, 1972, p. 208 sg.
[7] ASMAUS, *Relazione sulle operazioni belliche svolte dall'Aeronautica dell'Egeo nel 1° anno di guerra*.
[8] G. Santoro, *L'Aeronautica italiana nella seconda guerra mondiale*, Volume Primo, Milano – Roma, Esse, (Seconda edizione), 1957, p. 222.

Due bombardieri Ju 88 della 5ª Squadriglia del 2° Gruppo del 1° Stormo Sperimantale (5./LG.1), in Sicilia nei primi mesi del 1941. Fu uno dei reparti del X Fliegerkorps a trasferirsi in Grecia per partecipare all'invasione di Creta.

Nell'appoggio ai bombardieri italiani e tedeschi dislocati negli aeroporti del Dodecaneso dettero il loro contributo i velivoli da caccia dell'Aeronautica dell'Egeo. Nell'immagine Cr.42 della 162ª Squadriglia 161° Gruppo Autonomo Caccia Terrestre in volo sul mare.

Il 19 maggio, alla vigilia del Giorno X, il generale Longo, ricevé nel suo ufficio di Rodi il maggiore pilota Schemmell, ufficiale di collegamento del Comando della 4ª Luftflotte ad Atene, per conoscere i compiti che, nell'occupazione di Creta, erano riservati ai reparti aerei italiani dell'Egeo. Fu stabilito che l'indomani 20, mentre i tedeschi iniziando i lanci dei paracadutisti avrebbero attaccato gli aeroporti di Spelia, Retino, Suda e Candia, l'Aeronautica dell'Egeo avrebbe colpito caserme ad Heraklion e a sud della città di Candia, salvò ad attaccare navi nemiche in mare, se incontrate durante la rotta di avvicinamento agli obiettivi, a sud della congiungente Rodi – Scarpanto – Caso, e della costa meridionale di Creta. Non dovevano essere attaccate le navi che si trovavano a nord di tale linea di demarcazione, *"da considerarsi amiche"*, con eccezione dei sommergibili che occorreva considerare a tutti gli effetti nemici.

Infine fu fissato che la ricognizione aerea italiana avrebbe sorvegliato la zona di mare tra Rodi, Scarpanto, Gaidaro, Bardia, Alessandria, Suez, segnalando i risultati, anche se negativi, al Comando della 4ª Luftflotte; i reparti da caccia dislocati a Scarpanto avrebbero svolto servizio di allarme e scortato gli Stuka tedeschi nelle loro missioni belliche, se fosse stato richiesto dal loro comandante. Questi accordi furono ratificati da Superaereo, che comunicò l'arrivo imminente nel Dodecaneso di 250 tonnellate di benzina avio, cui sarebbero seguiti altri maggiori quantitativi.

Dovendo preparare ed attuare il piano della conquista dell'isola di Creta i tedeschi ebbero pochissimo tempo a disposizione. Infatti, era stato deciso che l'operazione "Merkur" dovesse svolgersi prima dell'inizio dell'offensiva contro l'Unione Sovietica, che dovevano scattare all'inizio del mese di giugno, a causa della necessità di impiegare sul fronte russo le unità aeree della 4ª Luftflotte, destinate in appoggio alle forze terrestri della Wehrmacht che dovevano attaccare nel settore centrale. Pertanto gli aeroporti e le piste di decollo della Grecia, recentemente conquistati dall'Esercito, furono approntati dall'aviazione tedesca in gran fretta, e in poco tempo essi furono in grado di ricevere i velivoli offensivi e da trasporto Ju.52 destinati all'invasione di Creta. Ciò fu fatto superando incredibili difficoltà operative e logistiche, soprattutto nel campo dei rifornimenti, poiché le linee ferroviarie e stradali della penisola ellenica erano ampiamente devastate, mentre gli aeroporti, allestiti con grande urgenza, avevano il fondo delle piste talmente polveroso da rendere difficili i decolli simultanei o in rapida successione.

Dopo aver portato il suo Comando da Sofia, in Bulgaria, ad Atene, distante 200 miglia da Creta, il generale Löhr fece tutto quanto era in suo potere per assicurare alla "Merkur" un pieno successo. Il suo sforzo principale fu quello di rendere agibile negli aeroporti la sistemazione di oltre 700 velivoli da combattimento dell'VIII Fliegerkorps e i 500 velivoli da trasporto Ju. 52 e 70 alianti DFS 230 dell'XI Fliegerkorps, questi ultimi destinati ad imbarcare le forze di paracadutisti della 7ª Divisione del maggior generale Wilhelm Süssmann e degli altri reparti di truppe destinate all'operazione, ammontanti a circa 15.000 uomini.

Fu anche pianificato un trasporto di truppe e di rifornimenti per via mare con l'impiego di sette navi a vapore e sessantatre motovelieri, che dovevano imbarcare circa 7.000 uomini della 5ª Divisione da Montagna; movimento che doveva essere scortato da un certo numero di unità sottili della Regia Marina; ossia da mezzi navali che erano state richieste dai tedeschi per le esigenze del settore Sud-Est e che Supermarina, con alquanta avarizia, aveva messo a disposizione dell'ammiraglio Schuster. A comandare il complesso navale – che denominato Gruppo Navale Italiano Egeo Settentrionale (Marisudest) venne inizialmente a disporre, per le varie esigenze, di quarantuno unità – era stato scelto un ufficiale superiore italiano nella persona del capitano di vascello Corso Pecori Giraldi, già addetto navale a Berlino. Fu stabilito che egli avrebbe ricevuto gli ordini operativi dal Comando dell'Ammiraglio Sud-Est, nel quale andò a ricoprire l'incarico di Capo di Stato Maggiore aggiunto, che per la parte tedesca era stato assegnato, fin dal mese di marzo, al capitano di vascello Hellmuth Heye.

Delle quarantuno unità del Gruppo Navale Italiano Egeo Settentrionale, con sede temporanea di Comando a Sofia, e con base principale al Pireo, facevano parte otto torpediniere della 1ª e 16ª Squadriglia (*Sirio, Sagittario, Alcione, Aldeberan – Curtatone, Monzambano, Calatafimi, Castelfidardo*), quattro M.A.S. della 13ª Squadriglia (*Mas 534, 535, 538, 539*), dodici dragamine d'altura, otto cacciasommergibili e nove unità minori. A queste unità si aggiunsero temporaneamente, su richiesta tedesca accordata dal Comando Supremo, le unità navali del Comando delle Forze Armate dell'Egeo, che mise a disposizione dell'ammiraglio Schuster due cacciatorpediniere (*Crispi* e *Sella*), quattro torpediniere (*Libra, Lupo, Lira, Lince*) una squadriglia di sei M.A.S. (*542, 536, 546, 540, 523, 520*) e quattro sommergibili, che nella base di Lero dipendevano dall'ammiraglio Luigi Biancheri.

L'attacco contro Creta doveva svolgersi in tre zone distinti di aviosbarco: nella parte orientale dell'isola per conquistare l'aeroporto di Heraklion; nella parte centrale per prendere l'aeroporto di Retimo e gli ancoraggi di Suda e La Canea; nella parte occidentale per impossessarsi dell'aeroporto di Maleme, che era considerato l'obiettivo più importante. Il generale Löhr era dell'idea di concentrare lo sforzo delle truppe aviotrasportate nel settore di Maleme – La Canea, mentre il generale Student propose di svolgere i lanci in più zone, contemporaneamente: ne aveva previste sette. Il piano fu presentato al Maresciallo Göring che, tenendo anche conto l'impossibilità per i velivoli da trasporto di portare tutte le truppe con un solo balzo, saggiamente decise per quattro zone di sbarco, da attaccare: a occidente quelle di Maleme e La Canea al mattino e, impiegando gli stessi aerei, quelle centrali e orientali di Retimo e Heraklion nel pomeriggio.

L'invasione sarebbe incominciata con un intensissimo bombardamento aereo sulle difese terrestri e antiaeree, che si sarebbe prolungato per circa un'ora. Al bombardamento sarebbe seguito l'arrivo sugli obiettivi dei paracadutisti e delle truppe aviotrasportate, imbarcati sugli aerei da trasporto e sugli alianti. La rapida conquista degli aeroporti era indispensabile per permettere agli aerei da trasporto di atterrarvi per mettere a terra le truppe aviotrasportate, tra cui quelle della 6ª Divisione da Montagna, tenuta in riserva. Gran parte delle truppe dovevano arrivare a Creta via mare, a partire dal giorno X + 1, con convogli di motovelieri scortati dalle unità italiane, secondo l'ordine generale di operazione n. 1 del 17 maggio 1941 compilato dall'Ammiraglio Sud-Est.

Per la protezione alle operazioni che dovevano svolgersi nell'aviosbarco e via mare, e per il contrasto alle forze navali britanniche che avesse tentato di interferire nell'operazione Merkur, il Comando dell'VIII Fliegerkorps ricevé dal generale Lohr, per ordine dell'OBdL, la direttiva di preparare il terreno ai paracadutisti e alle truppe da montagna, di appoggiarne le operazioni a terra, distruggere le forze aeree del nemico, fornire protezione ai movimenti navali nell'Egeo e contrastare ogni movimento navale britannico nelle acque intorno a Creta. Dopo la conquista di Creta, le truppe aviotrasportate e i velivoli dell'XI Fliegerkorps dovevano essere rimpiazzati da unità della Wehrmacht, e l'VIII Fliegerkorps ritirato dalla

Grecia, per essere inviato in Polonia. A sostituirlo sugli aeroporti ellenici sarebbe arrivato il X Fliegerkorps, in trasferimento dalla Sicilia. Tuttavia per un contrordine, il 3° Gruppo del 1° Stormo Sperimentale (III./LG.1) del capitano Bernhard Nietsch fu inviato a Derna, per appoggiare in Cirenaica le operazioni terrestri del generale Rommel.

L'ammiraglio del Sudest Schuster passa in rassegna gli equipaggi della 1ª Squadriglia Torpediniere appena arrivata al Pireo dall'Italia.

Terminata la rassegna l'ammiraglio Schuster porta il suo saluto agli equipaggi. Alla sua destra è il comandante di Marisudest capitano di vascello Pecori Girardi.

All'attracco alla banchina della cerimonia, vicino ad un natante affondato, due delle quattro torpediniere della 1ª Squadriglia, la *Sagittario* e la *Sirio*.

Navigazione di guerra di una torpediniera italiana. I due cannoni prodieri da 100 mm sono tenuti pronti a far fuoco alla massima elevazione di 45 gradi.

La ripartizione operativa e l'efficienza delle forze aeree dell'Asse e britanniche

La data dell'invasione di Creta, inizialmente prevista per il giorno 10 maggio, era stata poi spostata dall'OKW per il giorno 17 del mese, e poi rimandata al 19 e successivamente al giorno 20 per la necessità di far giungere in Grecia un carico di benzina per aerei imbarcato a Trieste sulla petroliera italiana *Rondine*, il cui arrivo fu ritardato per la minaccia dei sommergibili e delle mine, e per le difficoltà d'approvvigionamento degli aeroporti, essendo impedito il trasporto via terra, a causa delle interruzioni ferroviarie. Ne conseguì che ogni rifornimento diretto in Grecia dovette essere portato al Pireo o a Corinto via mare, con scarico limitato per le distruzioni portuali e stradali. Ciononostante tra il 17 e il 20 maggio affluirono sugli aeroporti ellenici 3.600.000 tommellate di carburante.

Per attuare le direttive impartite dal Comandante della 4ª Luftflotte, l'VIII Fliegerkorps disponeva alla data del 17 maggio su un totale di 716 aerei (514 pronti all'impiego): 228 bombardieri, 205 bombardieri in picchiata, 114 caccia pesanti bimotori, 119 caccia monomotori e 50 ricognitori strategici. Questa massa di velivoli fu sistemata adeguatamente per svolgere nel modo più confacente i molteplici compiti. Conseguentemente i caccia monomotori Bf. 109 e i bombardieri in picchiata Ju. 87 (i famosi Stuka), che avevano minore autonomia, vennero dislocati negli aeroporti del Peloponneso e nelle vicine isole del Mare Egeo, mentre i bombardieri Do. 17 e Ju. 88 e i caccia pesanti distruttori Bf. 110, potendo sfruttare un maggiore raggio d'azione, furono concentrati sugli aeroporti più settentrionali, in maggior parte situati nella zona di Atene.

Con l'arrivo dalla Sicilia delle unità da bombardamento del X Fliegerkorps, erano a disposizione del Comando dell'VIII Fliegerkorps i seguenti reparti di volo: 2° Stormo da Bombardamento con i gruppi I e III./KG.2 e III./KG.3, con velivoli He. 111; 1° Stormo Sperimentale, con i gruppi I. e II./LG. 1, con velivoli Ju. 88; 2° Gruppo del 26° Stormo Bombardamento (II./KG.26), con velivoli He. 111; 2° Stormo Stuka, con i gruppi I. e III./St.G.2, con velivoli Ju. 87; 77° Stormo Stuka con i gruppi I./St.G.1 e I./St.G.3, con velivoli Ju 87; 26° Stormo Caccia Distruttori con i gruppi I. e II./ZG.26, con velivoli Bf. 110; 77° Stormo Caccia con i gruppi I., II. e III./JG.77, con velivoli monomotori Bf. 109. Inoltre il 2° Gruppo del 4° Stormo da Bombardamento (II./KG.4), con velivoli He. 111, partendo da Rodi ebbe il compito di minare il porto di Alessandria e il Canale di Suez, mentre per la ricognizione vi erano le squadriglie 2./(F) 11, con velivoli Do. 17 e Hs. 126, 7./(F) LG.2), con velivoli Bf. 110, e per il soccorso gli idrovolanti della 2ª Squadriglia del 126° Gruppo e la 7ª Squadriglia idrosoccorso, con idrovolanti Do. 24. I velivoli dei reparti da trasporto degli stormi 1°, 2° e 3° (KG.zbV 1, 2, 3) dell'11° Fliegerkorps, sotto la responsabilità organizzativa del generale di divisione aerea Gerhard Conrad, furono trasferiti in Grecia dalle basi del nordest della Germania ripartiti in undici gruppi d'impiego. Sostenuti dal personale di terra, che per mezzo di 4.000 autocarri percorse 1.600 chilometri in otto giorni, essi furono dislocati negli aeroporti dell'Attica, dove alla data del 14 maggio erano disponibili 502 aerei Ju. 52, "*completamente riveduti e in parte riforniti di nuovi motori*", pronti a partecipare alle operazioni di aviosbarco assieme a 72 alianti DFS. 230. Si trattò, indubbiamente, da parte della Luftwaffe, *"di un'impresa eccezionale sul piano tecnico e organizzativo"*.⁹

Ancor prima dell'attacco tedesco alla Grecia, che iniziò il 6 aprile 1941, i velivoli da ricognizione del X Fliegerkorps furono particolarmente impiegati per rilevare con voli da alta quota, la situazione difensiva e gli obiettivi da colpire sul territorio ellenico. L'immagine scattata a Creta il 3 aprile da un velivolo Ju 88 della 1ª Squadriglia del 1° Gruppo Ricognizione Strategica (1./F)/121), con completa assenza di nuvole, mostra il perimetro dell'aeroporto di Maleme, il principale dell'isola, e le zone circostanti.

---

⁹ C. Bekker, *Luftwaffe*, cit., p. 273; *The rise ad fall on the German Air Force (1933 to 1945)*, Old Greenwich conn., W.H. Tantum IV – E.J. Hoffschmidt, 1969, p. 123-125.

Accampamento di paracadutisti della 7ª Divisione sull'aeroporto greco di Megara.

Da parte italiana, alla data del 20 maggio, erano disponibili nelle basi del Dodecaneso (Gadurra, Maritza, Scarpanto, Lero) un totale di 85 velivoli, dei quali 38 bombardieri (17 S. 79, 12 S.84, 9 Cant. Z. 1007 bis) dei gruppi 92°, 41° e 50°, 2 ricognitori strategici Cant. Z. 1007 bis della 172ª Squadriglia, 6 aerosiluranti S. 79 della 281ª Squadriglia, 31 caccia terrestri Cr. 42, Cr. 32 e cinque caccia marittimi Ro. 44 delle squadriglie 162ª e 163ª e 161ª, e 2 idrovolanti Cant. Z. 506 della Sezione Soccorso.

L'efficienza media di questa piuttosto modesta forza aerea italiana era di circa i due terzi di velivoli dell'organico. Occorre tuttavia dire che mentre nei ranghi della Luftwaffe vi era, come sempre, la possibilità di operare con reparti poderosi, e con il massimo dell'efficienza di uomini e macchine, l'Aeronautica dell'Egeo poteva contare soltanto su un'eterogenea e lacunosa quantità di velivoli, alle sue deficienze organiche e qualitative si aggiungevano le scadenti condizioni fisiche del personale, che in generale era fiaccato dall'inclemenza del clima e dalla malaria e logorato da lunghi periodi di attività bellica. Influiva poi, sulla scarsa efficienza, il fatto che i reparti aerei avevano svolto per lungo tempo intensa attività di guerra.

Vediamo ora l'efficienza dell'aviazione britannica. Nell'aprile del 1941, quando si sviluppò l'invasione tedesca della Iugoslavia e della Grecia, lo Stato Maggiore della Royal Air Force era arrivato alla scoraggiante conclusione che la difesa di Creta era impossibile. In quel momento vi erano a disposizione del Comando della RAF del Medio Oriente reparti aerei appena sufficienti per sostenere le operazioni in Libia, in Grecia, in Etiopia e per la difesa di Malta. Ma, soprattutto, quello che i generale britannici del Medio Oriente consideravano uno specie di abbandono da parte di Londra, era dovuto fatto che i rifornimenti di velivoli erano in modo deplorevole scarsi, ed il materiale ricevuto di qualità piuttosto scadente. Tra il 22 e il 24 aprile, proprio mentre la Luftwaffe cominciava a mettere a punto il piano "Merkur", a Creta poté essere disponibile, per la protezione locale e dei convogli diretti alle aree di sgombro della Grecia, una forza media giornaliera di dieci caccia (sei Hurricane e sei Gladiator), costretti a scontrandosi sovente con i micidiali Bf. 109 dell'VIII Fliegerkorps che si trovavano già dislocate sugli aeroporti ellenici del Peloponneso.

Quando il 14 maggio l'VIII Fliegerkorps cominciò a concentrare tutta l'attività dei suoi bombardieri Ju. 87, Ju. 88, Do. 17 e He. 111 contro la baia di Suda e gli aeroporti di Creta, e sciami di cacciabombardieri Bf. 109 e di distruttori Bf. 110 attaccavano obiettivi fissi e tutto ciò che di giorno si muoveva sull'isola, in pochi giorni i locali reparti della RAF vennero ridotti ad elementi operativi insignificanti.

All'inizio del mese di maggio, si rendevano disponibili sui tre aeroporti di Creta, Heraklion, Retimo e Maleme, 12 bombardieri Blenheim e 24 caccia, dei quali 6 Hurricane e 12 Gladiator del 33°, 80° e 112° Squadron della RAF e 6 Fulmar dell'805° Squadron della FAA, con una efficienza media del 50%. Il giorno 17 maggio, dopo aver sostenuto intensi combattimenti e aver riportato distruzioni al suolo, restavano efficienti solo 7 velivoli da caccia: 4 Hurricane dell'80° Squadron e tre Gladiator del 112°. Il 19 maggio, nonostante l'arrivo a Maleme di un rinforzo di 10 Hurricane, la situazione della difesa era ridotta all'osso. Mancava anche un minimo di personale di terra, non vi erano più piste di volo in buone condizioni, e vista anche la prospettiva di non poter inviare a Creta altri rinforzi, il Comando della RAF del Medio Oriente ordinò di ritirare in Egitto tutti gli aerei superstiti rimasti sull'isola.

Con la partenza dei caccia gli aeroporti di Creta, che non furono resi impraticabili nella presunzione di potersene servire dopo che l'attacco tedesco fosse stato respinto, tutta l'attività di contrasto ai preparativi di aviosbarco del nemico fu fatta esclusivamente dall'Egitto, con i bombardieri Wellington che ebbero per obiettivi aeroporti e porti della Grecia e aeroporti del Dodecaneso. Le incursioni, affidate ai pochi aerei disponibili, erano svolte esclusivamente di notte; e questo comportava per equipaggi e velivoli notevoli difficoltà, rappresentate da una lunghissima navigazione, tra andata e ritorno dalle basi del Delta del Nilo, di oltre 1.000 miglia, da percorrere con il buio con lunghissimi trasferimenti in mare aperto, e poi in zone molto montagnose ove difficile era il compito di rintracciare gli obiettivi da colpire.

Uno Ju 88 del I./LG.1, impegnato sui bombardamento contro gli obiettivi navali nella Baia di Suda, ripreso nella sua base di Eleusis.

Immagini impressionanti che denotano la violenza delle incursioni aeree dell'VIII Fliegerkorps a Suda.

Mentre continuano gli attacchi aerei, e si vedono le esplosioni delle bombe, una colonna sempre più nera ed estesa si solleva dalle navi in fiamme, fino a coprire interamente il cielo della Baia.

Il sistema difensivo britannico e l'inizio delle operazioni della Luftwaffe

I Comandi britannici del Medio Oriente, che si trovavano in Egitto (al Cairo), e che dipendevano per l'Esercito dal generale Archibald Wavell, per la RAF dal maresciallo dell'aria Arthur Longmore, e per la Royal Navy dall'ammiraglio Andrew Browne Cunningham, erano consapevoli dell'importanza di Creta per la sicurezza delle comunicazioni marittime nel Mediterraneo orientale e come base avanzata nella guerra contro il traffico navale italiano. Erano pertanto decisi, al pari del Primo Ministro britannico Winston Churchill, a mantenere il controllo dell'isola a qualsiasi costo.

Pertanto, dopo l'evacuazione delle loro unità combattenti dalla Grecia, conclusa verso la fine di aprile, quasi la metà delle forze terrestri recuperate, della 6ª Divisione australiana e della 2ª Divisione neozelandese, era stata trasferita a Creta, portando il totale della guarnigione dell'isola a 42.000 uomini, dei quali circa 10.000 soldati greci. Si trattava di una quantità di truppe ben maggiore di quanto ipotizzato dai tedeschi, per mezzo dei dati raccolti dal servizio informazioni e della ricognizione aerea, che ritennero fosse efficiente soltanto una divisione britannica, più le forze evacuate dalla Grecia.

Secondo i britannici si era pertanto venuta a verificare a Creta una situazione particolarmente sfavorevole per mantenere il controllo dell'isola. Fino all'inizio degli anni 1970 l'opinione, condivisa da gran parte degli storici britannici, poteva essere accettata, perché si ignorava che le trasmissioni cifrate dell'Asse venivano decrittate dall'organizzazione crittografica Ultra di Bletchley Park. I britannici avevano infatti ricostruito il codice della macchina cifrante Enigma, impiegata pure dalla Regia Marina per i collegamenti coi comandi delle Divisioni Navali e coi comandi d'oltremare, della Libia e del Dodecaneso. Le informazioni, ricevute fin dalla metà di febbraio 1941, che indicavano un interesse della Luftwaffe verso la Grecia, e in particolare le notizie che riguardavano i movimenti dell'XI Fliegerkorps, erano state attentamente seguite dai decrittatori della Government Code and

Cipher School (G.C. & C.S.), e i comandi britannici si erano fatti un'idea abbastanza precisa sul potenziale della Luftwaffe rivolto verso i Balcani.

Quando poi, al momento dell'evacuazione britannica dalla Grecia, l'attenzione dei cifrati Enigma apparve rivolta verso Creta, fornendo l'indicazione di un'operazione che si stava preparando contro l'isola con reparti paracadutisti, indicando perfino gli obiettivi dell'invasione e le forze, abbastanza limitate, che vi sarebbero state impiegate, a Londra e nei comandi del Medio Oriente si presentò l'occasione, da non perdere; ossia di infliggere al nemico una dura punizione. Le informazioni, decifrando la macchina cifrante Enigma della Luftwaffe, si fecero sempre più precise nel mese di aprile e soprattutto ai primi di maggio, portando a conoscenza che la parola Creta sarebbe stata sostituita da *"Colorado"* in tutti i messaggi tedeschi, e che la data dell'invasione, più volte ritardata sarebbe entrata in attuazione il 20 maggio.

Malgrado alcune sbavature, determinate da sopravvalutazione delle forze che i tedeschi avrebbero impegnato nell'operazione Merkur, l'Enigma fornì ai britannici una serie d'informazioni di enorme importanza per la conoscenza dei piani dell'invasione di Creta. Precisandone i dettagli, indicando la data dell'attacco e gli obiettivi prescelti inclusi i movimenti di trasporto ordinati all'XI Fliegerkorps, gli ordini d'impiego impartiti ai ricognitori e ai velivoli da bombardamento dell'VIII Fliegerkorps, il movimento dei convogli di motovelieri tedeschi diretti a La Canea. Ciò permise alle Forze Armate britanniche di apprestarsi ad accogliere il nemico nelle migliori condizioni di difesa, concesse dalla disponibilità dei mezzi terrestri, aerei e soprattutto navali.[10]

Il generale Bernhard Freyberg, comandante della 2ª Divisione neozelandese, ufficiale veterano della prima guerra mondiale insignito della Vicacciatorpediniereoria Cross, assai stimato e amico personale di Churchill, con sorpresa e riluttanza era stato nominato dal generale Wavell Comandante della difesa di Creta con il nome in codice CREFORCE. Arrivato a Suda il 24 aprile con l'incrociatore *Ajax*, dopo pochi giorni, egli si mostrò alquanto soddisfatto di come aveva disposto le sue forze a difesa degli aeroporti e delle coste Suda-La Canea, tanto che, telegrafando il 16 maggio al generale Wavell, affermò: *"Anche se non desidero sembrare eccessivamente ottimista io ritengo che faremo al nemico un'accoglienza eccellente e che con l'aiuto della Royal Navy Creta sarà tenuta"*.[11]

---

[10] F.H. Hinsley, E.E. Thomas, C.F.G. Ransom e R.C. Knight, *British Intelligence in the Second World War*, Vol. I, cit., p. 419.

[11] Tutti i messaggi Ultra serie OL, arrivati al Cairo da Bletchley Park, erano ritrasmessi al generale Freyberg che, dopo averli letti attentamente, in modo che restassero nella sua memoria, li distruggeva bruciandoli. Tuttavia Freyberg non fu informato da dove arrivassero le informazioni, poiché Wavell gli disse soltanto che si trattava di fonti segretissime e molto affidabili, come generalmente erano indicate le decrittazioni Ultra.

I tre Comandanti in Capo del Medio Oriente: Ammiraglio Andrew Cunningham, Maresciallo dell'Aria Arthur Longmore e generale Archibald Wavell.

***

A iniziare dal 14 maggio, in conformità con quanto era stato pianificato dal Comando della 4ª Luftflotte, le unità aeree dell'VIII Fliegerkorps intensificarono gli attacchi agli obiettivi portuali di Creta. Essi si svolsero contro le navi da trasporto nella rada di Suda, che comportarono l'affondamento dei piroscafi da carico e in particolare contro l'incrociatore pesante britannico *York* che, dopo essere stato immobilizzato il 26 marzo da barchini d'assalto italiani della X Flottiglia M.A.S., fu nuovamente colpito dalle bombe mentre era usato come nave comando e batteria contraerea galleggiante.

Gli attacchi, con sciami di bombardieri, distruttori e cacciabombardieri, furono poi estesi alle postazioni dell'artiglieria contraerea agli aeroporti sulla costa settentrionale di Creta e, naturalmente ai convogli di rifornimento, generando nei comandi britannici grande apprensione, poiché all'arrivo dei convogli a Suda andarono perdute, tra il 14 e il 20 maggio, ben undici navi: i piroscafi britannici *Dalesman*, *Logician* e *Araybank*, la petroliera britannica *Eleonora Maersk* il dragamine di squadra *Widnes*, la grossa petroliera di squadra *Olna*, il whaler antisom *Kos 72*, e quattro navi greche, il cacciatorpediniere *Leon* e i piroscafi *Kythera Nicolaos Ourania* e *Themoni*.

Nel frattempo, il 15 maggio il generale Wavell aveva telefonato al Primo Ministro britannico, informandolo che, nonostante le difficoltà incontrate per lo sbarco di uomini e mezzi gli ultimi rinforzi giunti a Creta comprendevano sei carri armati pesanti, sedici leggeri, diciotto cannoni contraerei, diciassette da campagna, un battaglione di truppe, e che erano stati concertati, il giorno 12, con l'ammiraglio Cunningham e il maresciallo dell'aria Tedder, i piani della difesa dell'isola, da realizzare nei limiti delle possibilità. L'indomani, lo stesso Comandante in Capo del Medio Oriente informava Churchill sul contenuto di un messaggio pervenutogli dal generale Freyberg, il quale avendo completato il piano definitivo per la difesa di Creta, e avendo constatato nell'ultima ispezione sull'isola l'alto morale degli uomini, annunciava che tutti gli apprestamenti difensivi erano stati ampliati e che con l'aiuto della Marina confidava di mantenere il possesso di Creta. Il 18 maggio, nell'imminenza dell'attacco tedesco, Curchill fece a Freyberg e all'ammiraglio Cunningham i migliori auguri, affermando che la vittoria a "*Scorcher*" (Creta) avrebbe influito "*grandemente sull'intera situazione mondiale*", con ripercussione favorevoli "*in ogni teatro di guerra*".[12]

L'incrociatore pesante britannico *York* immobilizzato nella Baia di Suda dopo l'attacco dei barchini d'assalto della X Flotmas, la notte del 26 marzo 1941.

---

[12] *Ibidem*, p. 323.

L'incrociatore leggero britannico *Bonaventure* affondato la notte del 31 marzo 1941 a NO di Alessandria dal sommergibile italiano *Ambra*. L'immagine è del 1940. L'affondamento del *Bonaventure* e dello *York*, avvenuto nei giorni della battaglia di Matapan, rese meno amara agli italiani la perdita dei 3 incrociatori pesanti subita la notte del 28 marzo.

La cisterna OLNA. Il 18 maggio 1941, trovandosi nella Baia di Suda, impegata per il rifornimento delle unità navali della Mediterranean Fleet, fu colpita dalle bombe degli aerei tedeschi e, in fiamme, fu portata ad incagliare per evitare l'affondamento, rimanendovi immobilizzata. Fu demolita nel 1945 a Scaramanga.

Le cause del mancato intervento della Flotta italiana

Alla fine di marzo 1941, mentre si trattava per assegnare all'Ammiraglio Sud-Est le unità navali italiane richieste a Roma, la Seekriegsleitung (SKL), l'organo operativo dell'Alto Comando della Marina Germanica (OKL) invitò Supermarina a discutere la partecipazione della sua flotta nelle operazioni contro la Grecia, che le forze armate tedesche stavano per iniziare dalla Bulgaria; e ciò allo scopo di concludere rapidamente la lunga campagna balcanica, iniziata il 28 ottobre 1940 da Mussolini che aveva sottovalutato lo spirito combattivo ellenico e non aveva tenuto conto delle deficienze militari delle sue Forze Armate e delle obiezioni di Hitler, che lo sconsigliava ad intraprendere quell'impresa. Il Führer, infatti, non vedeva la necessità di realizzare un'estensione del conflitto ai Balcani, pensando, a ragione, che ciò avrebbe indotto la Gran Bretagna a sostenere la Grecia militarmente, anche con forze aeree che, installandosi negli aeroporti ellenici, avrebbero costituito una grave minaccia per i pozzi petroliferi rumeni di Ploesti.

Alla richiesta della SKL – che invece desiderava da parte dell'Italia l'invio di unità navali di superficie nell'Egeo per contrastare l'intenso traffico britannico con la Grecia – Supermarina, suggestionata dalla recentissima e bruciante sconfitta di Capo Matapan del 28 marzo 1941, rifiutò tale partecipazione, giustificandosi col fatto che le sue forze leggere erano occupate nel Mediterraneo centrale per tenere aperte le rotte dei rifornimenti con la Libia. In tale situazione soltanto due cacciatorpediniere (*Crispi* e *Sella*) e quattro torpediniere (*Lupo, Lira, Libra Lince*), già presenti nel Dodecaneso alle dipendenze del generale Bastico, parteciparono alle operazioni intraprese dai tedeschi per le occupazione delle Isole situate a nord di Creta e lungo le coste meridionali elleniche; operazioni che si conclusero con pieno successo, dopo la rapida conquista della Grecia, nei primi giorni di maggio.

Quanto ai sommergibili italiani, essendo stati impiegati in modo inadeguato ed estremamente prudente in una zona di mare che pure era percorsa da un gran numero di navi britanniche, tanto che fin dal 10 marzo era stato loro ordinato di non portarsi davanti ai porti o nelle zone ristrette percorse dai traffici del nemico, non ottennero, al pari delle unità leggere di superficie dell'Egeo, alcun successo.

Avendo Supermarina rifiutato un maggior concorso alle operazioni contro la Grecia, per l'attacco al traffico navale nemico restò disponibile la sola aviazione. Purtroppo, quella italiana di base nella Puglia (4ª Squadra), in Albania e nel Dodecaneso riuscì a conseguire soltanto scarsissimi risultati, mentre invece la Luftwaffe, agendo con i reparti del X Fliegerkorps dislocati in Sicilia e dell'VIII Fliegerkorps operanti inizialmente dalla Bulgaria, ottenne grossi successi. Pur non riuscendo molto a influire sulla regolare evacuazione del corpo di spedizione britannico dalla Grecia, l'Arma aerea germanica ebbe il merito di aver conseguito l'affondamento nelle acque elleniche di oltre 300.000 tonnellate di naviglio mercantile e da guerra, nello spazio di due sole settimane.

Conquistata agevolmente la penisola ellenica, lasciando alle Forze Armate italiane in Albania soltanto le briciole della vittoria, con grandissimo disappunto di Mussolini, che aveva ufficialmente dichiarato di voler spezzare le reni alla Grecia, e dei suoi capi militari, che avrebbero desiderato installarsi da veri padroni in quella valorosa nazione, l'attenzione tedesca si rivolse, come abbiamo visto, alla conquista di Creta. Il Duce, venuto a conoscenza dei preparativi tedeschi per l'occupazione dell'isola, ai primi di maggio offrì il concorso di truppe italiane. Ma il maresciallo Göring, che voleva riguadagnare verso Hitler il proprio prestigio in declino dopo il fallimento della Battaglia d'Inghilterra, oppose un rifiuto. Lo stesso Alto Comando della Marina tedesca, che da parte sua non sottovalutava il pericolo di un'azione affidata soprattutto al concorso dal cielo, si astenne dal richiedere alla Regia Marina una diretta partecipazione agli sbarchi. Sollecitò, invece, un più ampio concorso delle unità navali italiane, per intraprendere azioni diversive; e ciò allo scopo di tenere la flotta britannica lontana dalle rotte di rifornimento tra la Grecia e Creta, e per fornire il maggiore appoggio possibile alle operazioni belliche germaniche nell'Egeo.

Il 1° maggio 1941 il vice ammiraglio Heberhard Weichold, ufficiale di collegamento della Marina germanica presso l'Alto Comando della Marina italiana, portò a conoscenza di Supermarina il piano tedesco per la conquista di Creta, la cui realizzazione era allora prevista, al più tardi, per il giorno 10 del mese. Weichold affermò che era desiderabile la partecipazione all'impresa della Regia Marina, con forze leggere non dipendenti dall'Ammiraglio Sud-Est, da impiegare per lo sgombero delle mine, allo scopo di rendere sicure le rotte tra l'Italia e l'Egeo, per le quali sarebbero affluiti in Grecia i rifornimenti e i rinforzi di truppe, trasportati da piccoli piroscafi tedeschi, sottratti temporaneamente alle rotte libiche. Era pure richiesto lo "*schieramento di sommergibili nelle vie d'accesso all'Egeo e a Nord di Creta*".[13]

Il 9 maggio, annunciando che la data prevista per lo sbarco a Creta era probabilmente da ritenere fissata per il giorno 16, l'Ammiraglio Sud-Est chiese a Supermarina di voler disporre affinché fosse messa a sua disposizione, per il periodo delle operazioni, anche una squadriglia di cacciatorpediniere. Supermarina, sempre prudente nel campo operativo, e fermamente contrario allo sguarnire le rotte di traffico con la Libia, sentì il parere di Mussolini, il cui punto di vista, espresso in una riunione tenutasi l'11 maggio al Comando Supremo dal generale Guzzoni, era "*quello di dare tutto quello che si può dare tenendo conto delle necessità relative alla scorta dei convogli per l'A.S.I.*".[14] Pertanto, l'11 maggio Supermarina rispose all'Ammiraglio Sud-Est che l'impegno dei trasporti oltremare, avendo carattere preminente, non rendeva possibile di aderire alla richiesta di cessione dei cacciatorpediniere da dislocare in Egeo.

La risposta italiana alla SKL non deve sorprendere, poiché, dopo la delusione di Capo Matapan – operazione offensiva nel Mediterraneo orientale che l'Alto Comando della Marina tedesca aveva particolarmente sollecitato per insidia i convogli britannici diretti in Grecia – Supermarina aveva finito per considerare i tedeschi responsabili, almeno in parte, di quella cocente sconfitta, e considerava ogni richiesta e suggerimento venuto da Berlino come un'ingerenza intollerabile dell'alleato sulla condotta della propria strategia mediterranea.

In queste condizioni di sospetto, il 14 maggio, quando la pianificazione dell'operazione "Merkur" si apprestava a entrare in attuazione con il modesto concorso delle forze navali leggere italiane di Marisudest, il Comando Supremo ricevette dall'Ammiraglio Sud-Est, tramite l'ammiraglio Weichold, una richiesta ufficiale tedesca per l'invito a partecipare all'impresa contro Creta, appoggiandola, se ve ne fosse stata la necessità, anche con il grosso della Squadra da Battaglia. Il 17 maggio il contenuto delle richieste tedesche fu trasmesso dal generale Guzzoni a Supermarina e a Egeomil, comunicando: "*Nel caso che la flotta inglese del Mediterraneo cooperasse alla difesa di Candia* [Creta] *la flotta italiana potrà intervenire secondo le possibilità del momento*".[15]

L'ammiraglio Riccardi rispose allo Stamage quello stesso giorno 17 maggio, esprimendo argomenti giustificatori di rinuncia in forma talmente desolante da rendere praticamente nulla ogni possibilità di appoggio della flotta all'operazione di aviosbarco tedesca.

---

[13] Archivio Ufficio Storico della Marina Militare (da ora in poi AUSMM), "Unità navali per Ammiraglio Tedesco Sud Est", lettera di Supermarina n. 9189 dell'11 maggio 1941, fondo *Marina Germanica in Italia*, b. 1.
[14] ASMEUS, *Diario Comando Supremo*, maggio 1941.
[15] AUSMM, *Scontri navali e operazioni di guerra*, b. 32.

Egli sostenne che la Flotta britannica del Mediterraneo orientale possedeva quattro corazzate armate con cannoni da 381, sei incrociatori pesanti con cannoni da 203, otto incrociatori leggeri con cannoni da 152, ventotto cacciatorpediniere e 1 portaerei, senza considerare i sommergibili, a cui la Flotta italiana poteva al momento opporre in efficienza quattro corazzate, di cui una soltanto armata con cannoni da 381, tre incrociatori pesanti con cannoni da 203, otto incrociatori leggeri con cannoni da 152 e venticinque cacciatorpediniere.

Riccardi riteneva che il rapporto delle forze fosse in realtà ancora più sfavorevole alla Regia Marina, dovendo assicurare con incrociatori e cacciatorpediniere il traffico con la Libia, a meno che non si sospendessero tutti i convogli, e rimaneva immutata l'inferiorità di non poter disporre di forze aeree offensive e difensive, motivo per cui con il dispaccio 7726 del 31 marzo, compilato subito dopo la conclusione della battaglia di Capo Matapan dal Comando Supremo, certamente su richiesta della Marina, il Duce aveva impartito l'ordine di non intraprendere azioni che si svolgessero oltre il limite di protezione della caccia di scorta, fissata in 80 miglia. Occorreva in ogni caso chiedere l'appoggio all'aviazione tedesca, che in tal caso avrebbe dovuto distrarre una parte delle sue forze, mentre la flotta italiana, mettendosi in movimento ventiquattro ore prima dell'inizio dell'operazione Merkur, andando verso Creta sarebbe stata sicuramente avvistata dalla ricognizione aerea britannica, dando al grosso della Mediterranean Fleet la possibilità di accorrere per attaccarla, facendo con ciò mancare la sorpresa, che era *"una delle necessarie premesse all'operazione progettata"*. Quindi l'ammiraglio Riccardi concluse, sostenendo:[16]

> *"Dopo quanto sopra è stato esposto, poiché la Squadra Navale qualora venisse impiegata per la protezione della operazione in parola dovrebbe per ovvii motivi impegnarsi a fondo contro la Squadra nemica per difendere strenuamente i convogli e tentare di evitarne la distruzione, è evidente che dopo una simile azione risulterebbe pregiudicata la futura condotta della guerra marittima e la possibilità di ulteriormente assicurare sufficientemente le comunicazioni marittime con la Libia e con l'Egeo. Le quali comunicazioni riescono oggidì, sia pure con alterne vicende, ad essere sufficientemente assicurate mercé l'appoggio fornito dal grosso delle forze in potenza [Fleet in being] nelle basi strategiche prescelte".*

---

[16] AUSMM, fondo *Scontri navali e operazioni di guerra*, b. 32; Francesco Mattesini, *L'attività aerea italo-tedesca nel Mediterraneo. Il contributo del "X Fliegerkorps", Gennaio – Maggio 1941*,cit., p. 247 sg.. Il documento è stato pubblicato, a cura dell'autore, nel volume secondo, I Tomo delle *Direttive di Supermarina*, Roma, Ufficio Storico della Marina Militare (da ora in poi USMM), 2001, p. 443.

L'ammiraglio Arturo Riccardi, Sottosegretario e Capo di Stato Maggiore della Marina. Alle sue spalle è l'ammiraglio Angelo Iachino, Comandante in Capo della Squadra Navale.

L'ammiraglio Romeo Bernotti, commentando il documento consegnato al Comando Supremo il 17 maggio 1941, ha giustamente scritto.[17]

> *"Questi preconcetti portarono Supermarina ad escludere la possibilità di osare, comunque la difesa di Creta ponesse in gravi difficoltà la Mediterranean Fleet, ancora più di quanto si era verificato nell'esodo delle truppe dalla Grecia. Supermarina prospettò la gravità dei rischi senza riferimento quelli a cui doveva esporsi il nemico nella battaglia aeronavale. La decisione del 17 maggio fu sostanzialmente una negazione della strategia: non furono comprese le **"possibilità del momento"**, di cui l'importanza si può valutare alla luce dei fatti."*

Le acute osservazioni dell'ammiraglio Bernotti, che durante la guerra di Spagna aveva comandato la 2ª Squadra Navale, venendo da un tecnico di valore non possono essere ragionevolmente contestate. In particolare per il motivo che il potenziale offensivo di unità navali della Mediterranean Fleet, pur essendo di contenuto elevato, era alquanto dissimile da quanto era stato esposto al Comando Supremo con la lettera dell'ammiraglio Riccardi. Era vero che la Mediterranean Fleet poteva contare nella sua base di Alessandria su quattro corazzate della classe "Warspite" (*Warspite, Valiant, Barham, Queen Elizabeth*) e sulla moderna nave portaerei *Formidabile*.

Ma esisteva una grossa lacuna britannica che gli italiani non potevano conoscere. L'appoggio che la *Formidabile* poteva offrire alla flotta britannica, dopo le operazioni svolte

---

[17] R. Bernotti, *Storia della guerra nel Mediterraneo (1940-43)*, Roma, Vito Bianco, 1960, p. 171.

nel periodo tra la seconda metà di aprile (bombardamento di Tripoli) e il 12 maggio (l'arrivo di un convoglio ad Alessandria carico di carri armati – operazione "Tiger"), era quasi inesistente, poiché la portaerei non era ancora riuscita a rimpiazzare le perdite dei suoi Fulmar, e pertanto si trovava immobilizzata con soli quattro velivoli da caccia a disposizione.

Quanto alla disponibilità d'incrociatori della Mediterranean Fleet, il loro numero era limitato a dieci, tutti di tipo leggero. Sette di essi erano armati con cannoni di medio calibro, da 152 e 133 mm. I rimanenti tre incrociatori erano assolutamente inadatti ad affrontare un combattimento balistico, essendo del tipo contraereo, e quindi molto piccoli e dotati di modeste artiglierie da 102 mm. Considerando poi che il numero dei cacciatorpediniere della flotta britannica era limitato a ventinove unità – in parte assegnate alle scorte dei convogli diretti a Creta e ai porti del Mar del Levante, e altri ancora impiegati per il rifornimento della assediata piazzaforte di Tobruk – possiamo sostenere che il potenziale offensivo allora a disposizione della Regia Marina non era affatto inferiore a quello posseduto nel Mediterraneo orientale dalla Royal Navy.

La corazzata britannica *Barhman* a metà marzo del 1941 sostò per rifornirsi ad una petroliera nella Baia di Suda. Ciò avvenne prima dell'episodio di Capo Matapan che, il 28 del mese, costò alla flotta italiana la perdita degli incrociatori pesanti *Zara*, *Fiume* e *Pola* e dei cacciatorpediniere *Alfieri* e *Gioberti*, nonché il danneggiamento, per siluramento aereo della nave da battaglia *Vittorio Veneto*, che pertanto non poté essere pronta all'epoca della battaglia di Creta iniziata il 20 maggio.

Per gli italiani esisteva poi il vantaggio della possibilità di scegliere il momento favorevole per attaccare le navi dell'ammiraglio Cunningham. Come vedremo, il Comandante della Mediterranean Fleet, trovandosi vincolato alla protezione di Creta, fu costretto a suddivise le sue navi in più gruppi, inviando quelli costituiti degli incrociatori ad operare nelle acque settentrionali dell'isola per impedire ai tedeschi di sbarcare dal mare. Basandosi poi sulla presunta certezza di un logico intervento della Squadra Navale italiana, l'ammiraglio Cunningham dovette ripartire il grosso della sua flotta in due nuclei principali, uno dei quali destinato a mantenersi in mare ad ovest di Creta per fronteggiare la temuta minaccia proveniente dallo Ionio. Il secondo nucleo doveva restare ad Alessandria, per dare il cambio alle altre unità pesanti della flotta quando si fossero trovate in condizioni di rientrare alla base, per rifornirsi di nafta e acqua e di benzina per gli aerei.

Con questo sistema, necessariamente attuato dall'ammiraglio Cunningham per fornire a Creta una continua e indispensabile vigilanza, le corazzate disponibili per la difesa dell'isola non potevano essere più di due contemporaneamente in mare, appoggiate di volta in volta dalla portaerei e dalla metà degli incrociatori. Si trattava, in definitiva, di una ripartizione logica delle forze navali della Mediterranean Fleet, che Supermarina, considerando la complessità dell'operazione britannica, avrebbe dovuto prevedere. Ciò significava, per la flotta italiana, di poter scegliere il momento più favorevole per attaccare, a ranghi completi, uno dei due gruppi principali nemici, con il vantaggio di poter sfruttare, in eventuali combattimenti balistici, una notevole superiorità numerica di unità navali e la maggiore potenza delle proprie artiglierie.

La flotta italiana, infatti, avrebbe potuto disporre di quattro navi da battaglia (*Littorio, Giulio Cesare, Andrea Doria, Duilio*) e quattro incrociatori pesanti (*Trieste, Trento, Bolzano* e *Gorizia*), questi ultimi armati con artiglierie da 203 mm., ai quali i britannici, dopo che lo *York* era stato immobilizzato il 26 marzo a Suda dai barchini d'assalto della Regia Marina, non potevano opporre nessuno. Ciò smentiva le pessimistiche previsioni del sempre male informato ammiraglio Riccardi, secondo il quale il suo collega rivale, ammiraglio Cunningham, possedeva nella Mediterranean Fleet una marcata superiorità d'incrociatori pesanti, disponendo di ben sei unità armate con cannoni da 203 mm.

Con questo sistema, necessariamente attuato dall'ammiraglio Cunningham per fornire a Creta una continua e indispensabile vigilanza, le corazzate disponibili per la difesa dell'isola non potevano essere più di due contemporaneamente in mare, appoggiate di volta in volta dalla portaerei e dalla metà degli incrociatori. Si trattava, in definitiva, di una ripartizione logica delle forze navali della Mediterranean Fleet, che Supermarina, considerando la complessità dell'operazione britannica, avrebbe dovuto prevedere. Ciò significava, per la flotta italiana, di poter scegliere il momento più favorevole per attaccare, a ranghi completi, uno dei due gruppi principali nemici, con il vantaggio di poter sfruttare, in eventuali combattimenti balistici, una notevole superiorità numerica di unità navali e la maggiore potenza delle proprie artiglierie.

La flotta italiana, infatti, avrebbe potuto disporre di quattro navi da battaglia (*Littorio, Giulio Cesare, Andrea Doria, Duilio*) e quattro incrociatori pesanti (*Trieste, Trento, Bolzano* e *Gorizia*), questi ultimi armati con artiglierie da 203 mm., ai quali i britannici, dopo che lo *York* era stato immobilizzato il 26 marzo a Suda dai barchini d'assalto della Regia Marina, non potevano opporre nessuno. Ciò smentiva le pessimistiche previsioni del sempre male informato ammiraglio Riccardi, secondo il quale il suo collega rivale, ammiraglio Cunningham, possedeva nella Mediterranean Fleet una marcata superiorità d'incrociatori pesanti, disponendo di ben sei unità armate con cannoni da 203 mm.

Della delusione tedesca per il disinteresse mostrato da Supermarina ad intervenire con la Squadra Navale nelle acque di Creta, si ha una chiara dimostrazione da quanto è scritto nel Diario Operativo della Seekriegsleitung, che in data 19 maggio, scrivendo all'Ammiraglio Sud-Est, riportò: "*Alle domande rivolte allo Stato Maggiore della Marina italiana circa operazioni italiane durante l'operazione di Creta non è stata finora data risposta*".[18]

---

[18] *Kriegstagebuch der Seekriegsleitung/Operationsabteilung 1939-1945*, Parte A (abb: KTB 1.Skl. A), Mittler & Sohn, Herford-Bonn, 1988, segg., Vol. 21, 19.05.1941, p. 178.

L'incrocacciatorpediniereore pesante *Bolzano* uno dei quattro incrociatori pesanti rimasti disponibili nella flotta italiana dopo il disastro di Capo Matapan, che aveva portato alla perdita dello *Zara*, *Fiume* e *Pola*.

L'incrociatore leggero *Duca degli Abruzzi*, in navigazione con i suoi dieci cannoni da 152 mm alla massima elevazione. Sulla catapulta il velivolo da ricognizione Ro. 43.

UNITA' NAVALI ITALIANE E BRITANNICHE EFFICIENTI
AL 14 MAGGIO 1941

UNITA'	ITALIANE	BRITANNICHE (Mediterranean Fleet)
Navi da battaglia	4 Littorio Giulio Cesare Andrea Doria Duilio	4 Warspite Valiant Barham Queen Elizabeth
Navi portaerei		1 Formidable
Incrociatori pesanti	3 Bolzano Gorizia Trieste	0 -
Incrociatori leggeri	11 Giuseppe Garibaldi Duca degli Abruzzi Eugenio di Savoia Duca d'Aosta Muzio Attendolo Luigi Cadorna Giovanni delle Bande Nere Alberto di Giussano Alberigo da Barbiano Bari Taranto	8 Orion Gloucester Ajax Perth (R.A.N.) Fiji Naiad Phoebe Dido
Incrociatori contraerei	0 -	3 Calcutta Carliste Coventry
cacciatorpediniere	36	27
Sommergibili (inclusi quelli di base a Gibilterra)	44	23

Facevano parte della Forza H a Gibilterra l'incrociatore da battaglia *Renown*, la portaerei *Ark Royal*, l'incrociatore *Sheffield* e 7 cacciatorpediniere.

Le disposizioni della Mediterranean Fleet per contrastare l'attacco tedesco

Benché il servizio informazioni britannico considerasse molto probabile che un'azione contro Creta, proveniente dall'aria e in concomitanza con uno sbarco dal mare, fosse molto probabile, la data esatta dell'attacco non poteva essere prevista con sicurezza. Si riteneva, per le informazioni Ultra, che potesse avvenire il 17 maggio, ma soltanto il 19 fu possibile apprendere con sicurezza che l'invasione sarebbe iniziata l'indomani.

Per la Royal Navy, l'impiego della base di Suda come ancoraggio avanzato per le unità della flotta e per il loro rifornimento di combustibile e munizionamento, di giorno era limitato a causa delle pesanti incursioni aeree. In queste condizioni, volendo contrastare l'attacco dal mare, per la Mediterranean Fleet era necessario agire da Alessandria, che distava 420 miglia da Suda. Ne conseguiva, come abbiamo accennato, che una parte delle forze navali doveva essere tenuta di riserva ad Alessandria, perché un attacco poteva iniziare nel momento in cui la flotta in mare si trovasse a corto di carburante. Conseguentemente fu necessario suddividere le unità della Mediterranean Fleet in quattro forze navali, denominate A, B. C e D, le quali dovevano essere tenute pronte ad agire, in mare aperto, a iniziare dal 14 maggio; e ciò anche perché occorreva tenere sotto osservazione la flotta italiana, nel caso che essa avesse partecipato alle operazioni contro Creta, perché si riteneva, logicamente, che essa non potesse rimanere inerte mentre i tedeschi attaccavano.

L'intendimento di Cunningham era di prevenire lo sbarco nemico su Creta, nei luoghi ove era più probabile aspettarsi operazioni anfibie; ossia nelle tre aree di La Canea, Retino ed Heraklion, mentre quelle della baia di Kissamo e Sizia furono ritenute zone possibili di uno sbarco. Conseguentemente, le corazzate britanniche dovevano mantenersi in copertura a ovest di Creta in attesa dell'attacco della flotta italiana, ma senza poter disporre, prima del 25 maggio, della portaerei *Formidable* per la sua carenza di aerei da caccia, mentre le divisioni d'incrociatori e le flottiglie di cacciatorpediniere della Mediterranean Fleet dovevano perlustrare di notte gli accessi all'isola dalla parte dell'Egeo, per poi ritirarsi di giorno per evitare gli attacchi aerei; a meno che non fosse pervenuta la notizia della presenza in mare di forze navali nemiche, che dovevano essere attaccate con ogni mezzo.

Il Comandante in Capo della Mediterranean Fleet, *"dopo approfondite meditazioni"*, prese la decisione *"di non uscire personalmente in mare"*, essendo per lui *"imperativo restare ad Alessandria in continuo contatto con tutte e quattro le forze navali in mare per dirigere la parte navale dell'operazione come fosse una sola"* e per teneri in strettissimo collegamento con gli altri comandanti in capo del Medio Oriente. Scelse come sede di comando la nave deposito sommergibili *Medway*, e affidò il Comando della flotta in mare al vice ammiraglio H.D. Pridham-Wippell, impartendogli l'ordine di intercettare *"qualsiasi forza nemica segnalata"*. [19]

Il 15 maggio i quattro gruppi navali britannici erano in mare a sud di Creta, pronti a muovere su ogni zona minacciata. L'ammiraglio Cunningham, che complessivamente disponeva, in mare e ad Alessandria, di quattro navi da battaglia, nove incrociatori, un posamine veloce e ventinove cacciatorpediniere, segnalò le sue intenzioni come segue:

---

[19] A.B. Cunningham, *L'odissea di un marinaio*, cit., p. 228-229.

a) La Forza C del contrammiraglio King, con gli incrociatori della 15ª Divisione *Dido* e il *Coventry*, e i cacciatorpediniere della 14ª Flottiglia *Kandahar, Nubian, Kingston* e *Juno*, si trovava a 30 miglia ad ovest di Creta e doveva essere disponibile per agire su Heraklion e Sizia.

b) La Forza D del contrammiraglio Irvine Glennie, con gli incrociatori della 7ª Divisione *Naiad* e *Phoebe* e i cacciatorpediniere *Greyhound* e *Hasty*. doveva agire nell'Egeo puntando verso l'Isola di Cerigotto, a 17 miglia ad ovest di Creta, per poi contrastare ogni tentativo di sbarco nemico ad ovest di Retimo.

c) La Forza B del capitano di vascello Henry Aubrey Rowley, con gli incrociatori della 3ª Divisione *Gloucester* e *Fiji* e i cacciatorpediniere della 2ª Flottiglia *Hotspur* e *Havock*, dislocandosi fra Capo Matapan e l'Isola Sapienza, avrebbe agito contro forze nemiche presenti a nord-ovest di Creta e per appoggiare i movimenti della Forza D.

d) La Forza A del vice ammiraglio Henry Daniel Pridham-Wippell, Comandante della 1ª Squadra da Battaglia, con le corazzate *Queen Elizabeth* e *Barham* scortate dai cacciatorpediniere *Jervis, Jaguar, Nizzam, Defender* e *Imperial*, doveva assumere una posizione di copertura ad ovest di Creta in modo da agire contro la flotta italiana proveniente dal Mare Ionio e per dare copertura alle altre forze navali, incluso il convoglio ASF 31, con i piroscafi *Nieuw Zealand* e *Lossiemouth*, che si trovava in navigazione a sud dello Stretto di Caso, scortato dall'incrociatore *Dido* e dai cacciatorpediniere australiani *Stuart* e *Vendetta*. Durante la giornata del 16 maggio i cacciatorpediniere della Forza A si rifornirono alle corazzate ricevendo 1.289 tonnellate di nafta.

e) Rimasero ad Alessandria, come riserva agli ordini dell'ammiraglio Cunningham, le navi da battaglia *Warspite* e *Valiant*, la nave portaerei *Formidabile*, gli incrociatori della 7ª Divisione del contrammiraglio Henry Bernard Rawlings *Orion* e *Ajax*, e parte degli altri sedici cacciatorpediniere disponibili.

Inoltre il posamine veloce *Abdiel* doveva stendere uno sbarramento minato nello Ionio, tra Cefalonia e Lerkas, allo scopo di interrompere la navigazione dell'Asse attraverso il Canale di Corinto, mentre il sommergibile posamine *Rorqual* fu destinato a posare uno altro sbarramento nell'Egeo, nelle vicinanze dell'Isola Lemnos. Le cinque motosiluranti della 10ª Flottiglia *MTB 67, 213, 216, 217 e 314*, stazionava nella Baia di Suda, per cooperare con le altre navi impegnate nei pattugliamenti costieri di vigilanza notturna e i cinque cacciatorpediniere della 5ª Flottiglia (capitano di vascello Lord Louis Mountbatten) *Kelly, Jackal, Kelvin, Kashmir* e *Kipling*, si trovavano nel porto maltese di La Valletta, per operare contro le rotte tra l'Italia e la Libia.[20]

Tuttavia, la situazione in mare della flotta britannica era resa particolarmente precaria dalla mancanza di un efficiente appoggio aereo, per la deficienza a Creta di velivoli dell'Aviazione Navale (FAA) ridotta disporre efficienti di quattro Fulmar e tre Gladiatore. Nelle stesse condizioni carenti si trovava la RAF, che alla data del 19 maggio poteva contare sulle basi dell'isola soltanto di quattro Hurricane e tre Gladiator. A questa lacuna si aggiungeva poi un servizio di vigilanza svolto dalla RAF con pochi idrovolanti Sunderland

---

[20] National Archives, *Battle Summary N. 4*; A.B. Cunningham, "The Battle of Crete", *Supplement to The London Gazette* n. 38296; A.B. Cunningham, *L'odissea di un marinaio*, cit., p. 228-229.

da ricognizione, il cui compito appariva molto rischioso per la superiorità dell'aviazione dell'Asse.

I rastrelli a nord di Creta delle divisioni incrociatori della Mediterranean Fleet ebbero inizio nella notte tra il 16 e il 17 maggio, senza conseguire risultati utili. Quindi, all'alba, tutte le forze partecipanti a quelle operazioni, tra cui le corazzate della Forza A, si trovarono a navigare a sud dell'Isola. Il 18 maggio Cunningham decise di sostituire le forze in mare. La nuova distribuzione delle navi comportò in serata l'uscita da Alessandria, della Forza A1, comprendente le corazzate *Warspite* (contrammiraglio Rawlings) e *Valiant* e i cacciatorpediniere *Napier, Kimberley, Janus, Isis, Hereward, Decoy, Hero* e *Griffin*. Nello stesso tempo la Forza A del vice ammiraglio Pridham-Wippell ricevé l'ordine di rientrare ad Alessandria.

Il sommergibile posamine britannico *Rorqual*. Durante la sua attività bellica nel Mediterraneo posò 1.284 mine, causando non pochi danni al naviglio dell'Asse.

20 maggio 1941: l'inizio dell'invasione di Creta

La navigazione nei primi due o tre giorni trascorsi in mare dai gruppi navali della Mediterranean Fleet fu molto tranquilla, e l'unica presenza del nemico, che generò a bordo delle navi il posto di combattimento, fu rappresentata, di tanto in tanto, dall'apparire di qualche velivolo isolato da ricognizione.

All'alba del 20 maggio, al momento in cui si ebbero i primi avvisi sull'inizio dell'attacco tedesco contro Creta, la posizione delle forze navali, il cui organico iniziale era in parte cambiato a causa del rifornimento, era la seguente:[21]

a) Forza A1, con le corazzate *Warspite* (contrammiraglio Rawlings) e *Valiant*, l'incrociatore *Ajax* e i cacciatorpediniere *Napier, Kimberley, Janus, Isis, Hereward, Decoy, Hero, Griffin, Imperial* e *Hotspur*, si trovava a circa 100 miglia ad ovest di Creta, in una posizione favorevole per essere raggiunta in breve tempo dalle unità del contrammiraglio Glennie (Forza D), provenienti dalla puntata effettuata nello stretto di Cerigotto.

---

[21] A.B. Cunningham, "The Battle of Crete", *Supplement to The London Gazette* n. 38296; National Archives, *Battle Summary N. 4.*

b) Forza C, con gli incrociatori *Naiad* (contrammiraglio Stuart King) e *Perth* e i cacciatorpediniere *Kandahar, Kingston, Nubian* e *Juno*, aveva raggiunto lo stretto di Caso durante la notte sul 20 e si stava ritirando verso sud.

c) Forza D, con gli incrociatori *Orion* (contrammiraglio Glennie) e *Dido* e i cacciatorpediniere *Greyhound, Hasty*, aveva raggiunto lo stretto di Cerigotto durante la notte sul 20 ed ora stava procedendo per ricongiungersi alla Forza A1. Quest'ultima fu in vista alle 13.10, e da essa si staccarono l'incrociatore *Ajax* e i cacciatorpediniere *Hero e Hereward*, per congiungersi alla Forza D.

d) Forza B, con gli incrociatori *Gloucester* (capitano di vascello Henry Aubrey Rowley) e *Fiji*, dopo essersi rifornita ad Alessandria, si trovava in rotta per ricongiungersi alla Forza A1.

In quel momento era quindi in mare, nelle acque a sud di Creta, un complesso navale comprendente due corazzate, sette incrociatori e sedici cacciatorpediniere; forze con le quali la Mediterranean Fleet era pronta a contrastare, dalla parte di mare, l'invasione tedesca dell'isola, ed eventualmente affrontare la flotta italiana.

L'appoggio che l'VIII Fliegerkorps doveva fornire ai paracadutisti della 7ª Divisione era stato previsto si dovesse svolgere fissando un orario preciso per l'attacco. I velivoli da caccia Bf. 109 e i distruttori Bf. 110 dovevano proteggere i velivoli da trasporto, contro eventuali attacchi aerei, durante la loro rotta e durante il lancio dei paracadutisti. La difesa contraerea, che il giorno 19 maggio apparve reagire soltanto con il tiro di alcune batterie sistemate a terra e sull'incrociatore *York*, doveva essere paralizzata dagli attacchi degli Stuka e dai distruttori, che dovevano insistere nelle azioni fino al momento dell'arrivo della prima ondata di Ju. 52 che trasportavano l'avanguardia dei paracadutisti.

La sera del 19 maggio, dopo che gli ufficiali comandanti dei reparti aerei avevano tenuto al mattino un'ultima riunione sull'aeroporto di Eleusis, ebbero termine tutti i preparativi per l'attacco contro Creta. Gli aerei da combattimento dell'VIII Fliegerkorps, oltre ad appoggiare l'aviosbarco, erano pronti a tenere d'occhio e a pedinare la flotta britannica e nel caso ad intervenire contro di essa. I comandanti e gli uomini dei reparti paracadutisti dell'XI Fliegerkorps, si trovavano pronti ad imbarcarsi, mantenendosi vicino agli aerei da trasporto, contando "*su un successo rapido e strepitoso*". Purtroppo non sapevano dell'intercettazione Ultra portata a conoscenza del generale Freyberg, e che avvertiva che l'indomani poteva essere il giorno dell'invasione.

Alle ore 07.00 del 20 maggio 1941, dopo solo tre settimane dalla ritirata britannica dalla Grecia, i tedeschi cominciarono il loro attacco su Creta, iniziando le incursioni aeree di preparazione all'aviosbarco sviluppate, secondo quanto era stato fissato con orario preciso, allo scopo di paralizzare le difese contraeree. Ben presto l'attacco aereo assunse la forma di un intenso bombardamento e mitragliamento dall'aria nelle vicinanze dell'aeroporto di Maleme e nella zona della baia di Suda, e ad esso si inserì, alle 08.05, l'inizio dell'atterraggio delle truppe aviotrasportate per mezzo di alianti, e dal lancio di sette battaglioni di paracadutisti della 7ª Divisione, realizzato con i velivoli da trasporto Ju. 52 che erano scortati da robuste formazioni di aerei da caccia. Gli alianti DFS 230, sbucando dalle nuvole di polvere provocati dalle esplosioni del bombardamento aereo ancora in corso, scesero sul letto di un fiume ad occidente dell'aeroporto, mentre i paracadutisti, lanciati da un'altezza variabile tra i 100 e i 200 metri, presero terra nella zona della penisola di Akrotiri, tra Maleme e La Canea, a nord della baia di Suda.[22]

La corazzata *Warspite*, nave ammiraglia della Mediterranean Fleet, che fu assegnata alla Forza A.

Bella imagine in volo di un Do 17. Questi velivoli erano in dotazione ad una delle unità di punta dell'VIII Fliegerkorps, il 2° Stormo Bombardamento (KG.2) che, coi rinforzi del X Fliegerkorps, poteva disporre di 4 gruppi d'impiego.

---

[22] L'Aeronautica italiana dell'Egeo, basandosi sulle istruzioni richieste al Comando tedesco, partecipò alle operazioni di appoggio ai paracadutisti, bombardando al mattino del 20 una caserma di Candia e l'aeroporto di Heraklion, rispettivamente con sei Cant. Z. 1007 bis e cinque S. 79 dei gruppi da bombardamento 50° e 92°, scortati da sei caccia Cr. 42 della 162ª Squadriglia. L'azione fu ripetuta nel pomeriggio con quattro S. 84 e cinque S. 79 dei gruppi da bombardamento 41° e 92° che, dietro indicazioni del Comando della 4ª Luftflotte, attaccarono obiettivi di Neapolis e Ieropetra, scortati da quattro caccia Cr 42 della 162ª Squadriglia. Sempre nel pomeriggio, altri nove Cr. 42 della medesima 162ª squadriglia, impegnati, al comando del cap. pil. Leopoldo Sartirana, nella scorta di una formazione di undici bombardieri in picchiata Ju. 87 del III./St.G.2 decollati dalla base di Scarpanto, non avendo trovato da parte dell'aviazione britannica alcun contrasto, appoggiarono l'azione offensiva degli aerei tedeschi, mitragliando alcuni velivoli al suolo sull'aeroporto di Ieropetra. Quella stessa sera il Comandante dell'VIII Fliegerkorps espresse al generale Longo il suo compiacimento per per il contributo fornito dagli italiani, affermando in un telegramma: "*Al Comandante Aeronautica Egeo – Perbacco fatto bene – Auguri – Generale von Richthofen*".

In attesa dell'invasione di Creta i reparti degli Ju. 87 sono portati dal personale di terra al maggior grado di efficienza, con lavoro difficile che si svolse in campi della Grecia praticamente di fortuna.

Quel principale obiettivo tedesco era difeso dalla 5ª Brigata della Divisione neozelandese che, soprattutto per merito del 22° Battaglione del colonnello L.W. Andrew schierato a difesa dell'aeroporto, oppose ai paracadutisti una resistenza accanita. Più tardi, nel pomeriggio, analoghi attacchi, con otto battaglioni di paracadutisti, furono sferrati nella zona di Heraklion e di Retimo, ed anche in questa zone il contrasto delle forze terrestri britanniche assunse i connotati di combattimenti all'arma bianca. Tra le perdite tedesche vi furono il generale Süssmann e parte del suo stato maggiore, caduti al mattino con il loro aliante, che si sfasciò sull'isoletta Egina, a causa di un'avaria al cavo di rimorchio fissato a un velivolo Ju. 52. In seguito a ciò il Comando della 7ª Divisione paracadutisti fu preso dal colonnello Richard Heindrich.

20 maggio 1941, Giorno 1. Alianti e verlivoli da trasporto Ju. 52 si avvicinano al loro obiettivo, il settore Gruppo Ovest, nella zona Maleme – Chania.

La tattica seguita dai difensori, fece pensare ai germanici che essi avessero ricevuto un particolare addestramento contro i paracadutisti, poiché la reazione delle truppe britanniche consistette in un'azione di fuoco intenso, sviluppato con mitragliatrici, armi leggere e automatiche contro uomini e alianti, nella fase della discesa e del loro atterraggio. Ne conseguì che molti tedeschi, costituendo un facile bersaglio, furono uccisi in aria e sugli alberi, in cui erano finiti nel corso della discesa, e altri ancora furono colpiti nell'andare a raccogliere il materiale d'armamento, lasciato cadere dagli aerei con contenitori paracadutati in cui si trovavano armi e munizioni. Fu in questa fase che i tedeschi, falciati dal fuoco delle mitragliatrici e dei cannoni, subirono le perdite più intense.

Ha inizio l'aviosbarco a Creta. I paracadutisti tedeschi della 7ª Divisionbe, lanciati dagli aerei da trasporto, scendono nella zona di Maleme.

Uno Ju 52 che colpito dalla contraerea britannica a Herakion precipita in fiamme. Dall'immagine, e dai paracadute in aria, si vede come i paracadutisti fossero lanciati da bassa quota

Inoltre, i paracadutisti vennero a trovarsi troppo sparsi sul terreno, e questo fatto rese difficile la riunione delle forze per lo svolgimento dell'azione a terra, che quando si sviluppò fu resa difficile dal fatto che tutto intorno ai singoli nidi di resistenza e ai fortini, disposti a cerchio e in profondità intorno agli aeroporti e ai possibili luoghi di aviosbarco, vi erano i reticolati, e dietro ancora l'artiglieria. Quasi tutti gli ufficiali tedeschi furono colpiti e in gran parte uccisi. A Maleme, il maggior generale Eugen Meindl, gravemente ferito, fu sostituito nel comando del gruppo occidentale dal colonnello Hermann Ramcke. Sempre a Maleme a causa di un lancio effettuato in una zona sopra le colline, a est dell'aeroporto, ove si riteneva non vi fossero i difensori, il 3° Battaglione del Reggimento d'Assalto (maggiore Otto Scherber), sceso in ordine sparso per non finire in mare a causa del forte vento che soffiava da terra, ebbe a subire perdite sanguinosissime.

Durante il lancio dei primi paracadutisti nella zona della Baia di Suda, mentre gli aerei dell'VIII Fliegerkorpa battono le navi presenti, la contraerea britannica realizza parecchi abbattimenti di aerei da trasporto Ju 52.

Ancora più difficile fu la situazione verificatasio a Retimo e a Heraklion, anche perché la seconda ondata di aerei da trasporto, che giunse sui due obiettivi nel pomeriggio, non poté arrivarvi riunita a causa delle difficili condizioni di partenza dai campi d'aviazione della Grecia. Né poté ricevere, nell'entità desiderata, l'appoggio temporaneo degli aerei da combattimento dell'VIII Fliegerkorps, destinati a operare con i paracadutisti, e si trovarono a combattere in condizioni ancora peggiori di quelle degli uomini che stavano lottando dal mattino a Maleme. E questo perché il nemico si mostrò ancora più preparato nelle sue opere di difesa, possedendo anche carri armati che, al momento dell'aviosbarco, uscirono da rifugi in caverna per aver facilmente ragione dei paracadutisti che si trovavano ancora in aria. Pertanto il colpo di mano per occupare l'aeroporto non riuscì, e lo stesso comandante del gruppo sceso su Retimo, colonnello Alfred Sturm, fu fatto prigioniero dopo aver sostenuto una strenua difesa.

Il generale Freyberg, pur avendo dichiarato a Winston Churchill di non nutrire *"preoccupazioni se avesse dovuto affrontare un attacco di sole truppe aviotrasportate"*, aveva messo in chiaro di non poter fare molto *"se invece lo sbarco dall'aria fosse stato combinato con uno sbarco del mare"*.

Questa seconda minaccia, quella che più di tutte, anche dei paracadutisti, stava preoccupando il generale Freyberg, apparve farsi seria nel pomeriggio del 21 maggio quando dal Cairo arrivò un messaggio Ultra in cui si affermava: *"Arrivo di un contingente dal mare con batterie contraeree, truppe e rifornimenti*". A questo messaggio ne seguì un altro (OL 15/389) compilato come segue: "*Personale per il generale Freyberg – UrgentissimoIn seguito ad attacco contro Colorado [Creta] fonti affidabili riferiscono che tra le operazioni pianificate per il 21 maggio c'è uno sbarco aereo di due battaglioni da montagna ed un attacco a La Canea. Lo sbarco di uno scaglione di piccole unità dipende dalla situazione del mare*".[23]

Sapendo dall'Ultra che i tedeschi avevano in movimento convogli con truppe diretti verso le coste settentrionali di Creta, con probabile obiettivo La Canea – mentre, invece, il convoglio segnalato in arrivo scortato dalla torpediniera italiana *Lupo*, era diretto a Maleme – il generale Freyberg, profondamente preoccupato, decise di mantenere, con le forze di riserva, un sistema di difesa che egli aveva organizzato per salvaguardarsi anche dalla parte del mare. Furono proprio quelle forze, costituite dalla 4ª Brigata neozelandese e da un battaglione britannico, che vennero a mancare durante la giornata per scatenare un immediato contrattacco decisivo, necessario per riprendere il pieno controllo dell'aeroporto di Maleme, che fu teatro di accesi combattimenti.

Il contrattacco se sviluppato al mattino del 20 maggio contro i vacillanti paracadutisti, si sarebbe certamente risolto in un disastro per i tedeschi. Ma, quando esso fu lanciato alcune ore dopo, nel pomeriggio, era troppo tardivo, anche perché furono ancora tenuti di riserva, per respingere l'atteso attacco dal mare, due battaglioni di fanteria neozelandese. Conseguentemente, quando scese la sera di quel primo giorno di battaglia, i tedeschi erano riusciti a consolidare le loro posizioni. Essi contrattaccarono con successo nelle prime ore dell'indomani, e a iniziare dalle 05.30 del 21 maggio gli aerei da trasporto Ju. 52 dell'XI Fliegerkorps furono in grado di cominciare ad atterrare a Maleme e farvi giungere i rinforzi con continuità.

Gli impietosi storici britannici hanno attribuito al generale Freyberg la colpa dell'insuccesso nella difesa di Malese perché, avendo deciso di proteggere dalla parte del mare la zona di La Canea, temendo che i tedeschi potessero sbarcarvi, aveva inviato nella zona anche carri armati, e reagì a Maleme troppo tardi e con forze troppo deboli per avere il sopravvento sui paracadutisti che si erano trincerati. Onestamente Freyberg si assunse la responsabilità di quella sua scelta, sostenendo che se i tedeschi, come avevano pianificato, fossero effettivamente sbarcati a La Canea, "*avremmo potuto perdere tutti i nostri equipaggiamenti e le nostre munizioni; inoltre la posizione nemica avrebbe tagliato fuori dalla baia di Suda l'intera forza neozelandese*".[24]

---

[23] A. Beevor, *Creta 1941-1945. La battaglia e la resistenza*, cit., p. 196.
[24] *Ibidem*, p. 197.

Un aliante DFS 230 distrutto durante l'atterraggio, e i cadaveri di due degli uomini che trasportava.

Un soldato tedesco rimasto ucciso dal fuoco nemico mentre scendeva a terra con il paracadute, rimasto impigliato in una pianta di olivo.

L'atterraggio forzato a Maleme di uno Junker del gruppo da trasporto KG zbV 172.

Di fronte a questa inquietante prospettiva, che avrebbe potuto portare i tedeschi a sbarcare in una zona distante appena 12 chilometri ad est di Maleme, non ci sembra che la scelta di Freyberg sia poi tanto da criticare. Anche perché, a scanso di ogni equivoco, l'informazione Ultra OL 15/389 era stata molto chiara, indicando *"un attacco a La Canea"* da parte di un convoglio costituito da piccole unità. Il generale poteva soltanto immaginare che la Royal Navy avrebbe attaccato quel convoglio per distruggerlo, ma il risultato non era del tutto scontato, e in questo caso le precauzioni prese da Freyberg non erano poi del tutto inutili come, nella scelta di un capro espiatorio, si è voluto far credere.

***

Nell'apprendere che l'atteso attacco contro Creta era cominciato, l'ammiraglio Cunningham ordinò immediatamente alle forze navali in mare di muovere verso l'isola. Ma poi, non essendosi ancora verificati sbarchi dal mare dispose che le unità si mantenessero al largo di Creta, fuori vista dalle coste. Quindi, sempre nel corso della mattinata del 20 maggio, Cunningham segnalò ai Comandi delle forze navali le sue istruzioni per la notte. Dispose che la Forza D del contrammiraglio Glennie, con gli incrociatori *Orion*, *Dido* e *Ajax* e i cacciatorpediniere *Isis*, *Kimberley*, *Imperial* e *Janus*, e la Forza C del contrammiraglio King, con gli incrociatori della 15ª Divisione *Naiad* e *Perth* e i cacciatorpediniere *Kandahar*, *Nubian*, *Kingston* e *Juno*, passando la prima per il Canale di Cerigotto e la seconda per lo Stretto di Caso, convergessero al mattino del 21 a nord di Creta, rispettivamente nella Baia di Canea e davanti a Heraklion. Contemporaneamente la Forza B del capitano di vascello Rowley, con gli incrociatori *Gloucester* e *Fiji* e i cacciatorpediniere *Hotspur* e *Havock*, doveva transitare nella notte nelle vicinanze di Capo Matapan, la punta estrema meridionale del Peloponneso, per poi ricongiungersi al mattino alle corazzate della Forza A1 a 50 miglia ad ovest di Creta. L'incrociatore contraereo *Calcutta*, partito da Alessandria, doveva seguire la rotta del Canale di Caso percorsa dalla Forza C per ricongiungersi ad essa, mentre la Forza E del capitano di vascelloMack, con i cacciatorpediniere della 14ª Flottiglia *Jervis*, *Nizam* e *Ilex*, fu incaricata di bombardare nella notte l'aeroporto di Scarpanto, a 50 miglia ad est di Creta, dove si trovavano i bombardieri in picchiata Ju. 87 tedeschi del III./St.G.2, per poi ritirarsi al mattino e ricongiungersi a 50 miglia a sud-est di Creta con l'incrociatore contraereo *Carlisle*, proveniente da Alessandria.

Al calar della notte del 20 maggio Cunningham fu informato che la situazione terrestre a Creta era sotto controllo, perché quasi 1.200 dei 3.000 paracadutisti tedeschi lanciati sugli obiettivi dell'isola, potevano considerarsi eliminati. Mancavano, però, ancora i dettagli sui paracadutisti che erano scesi a Heraklion e a Retimo, mentre si sapeva che unità navali, trasportanti truppe, erano in arrivo nei pressi di Heraklion. In effetti, la situazione a terra alla fine del primo giorno dell'attacco era considerata critica dai tedeschi poiché, tra gli 8.000 uomini impiegati nell'aviosbarco le perdite erano state molto gravi. Quasi la metà di quelle truppe era stata uccisa o catturata, e vi era la consapevolezza che un'ulteriore contrattacco britannico nel corso della notte o al mattino successivo, avrebbe potuto portare al disastro. Riferì il generale Student: "*i resti fiaccati dei reggimenti d'assalto, che soffrivano della mancanza di munizioni, avrebbero rischiato di essere annientati*".[25]

Nel corso dei combattimenti ravvicinati, paracadutisti tedeschi e soldati britannici sfruttarono le carcasse degli aerei per la loro protezione. L'immagine mostra un improvvisato posto di medicazione, e le cure che vengono dedicate ad un australiano rimasto ferito ad una gamba. Per proteggersi dai raggi del sole, gli uomini hanno steso dei paracadute, fissati al velivolo e a terra.

---

[25] S.W.C. Pack, *La battaglia di Creta*, Milano, Mursia, 1975, p. 29.

Alle 14.54 del 20 maggio le unità della Forza C, dirigendo verso il Canale di Caso, furono avvistate a 70 miglia a sudest di Capo Sidero da due S. 79 del 92° Gruppo Bombardieri, impegnati in missioni di ricognizione, e contro di esse furono diretti tre bombardieri S. 84 del 41° Gruppo e due aerosiluranti S. 79 della 281ª Squadriglia, scortati da dieci caccia Cr. 42 della 163ª Squadriglia.

Nelle ore crepuscolari, alle 20.40, la Forza C fu attaccata dai due S. 79, i cui capi equipaggio, maggiore Vittorio Cannaviello e capitano Guglielmo Di Luise, ritennero di aver colpito con il siluro due incrociatori, mentre in realtà, secondo il rapporto del contrammiraglio King, essi lanciarono da 3.500 yard (3.200 metri) contro il cacciatorpediniere *Juno*, mancando il bersaglio[26]. La formazione dei tre bombardieri S. 84 del 41° Gruppo non riuscì, invece, a rintracciare l'obiettivo.

Nel frattempo, sulla base delle informazioni pervenute a Rodi da uno dei due ricognitori S. 79, che alle 07.30 aveva segnalato la presenza di due incrociatori e quattro cacciatorpediniere diretti alla velocità di 24 miglia verso lo stretto di Caso, a Egeomil si era verificato un certo allarme. Prevedendo che quelle navi britanniche avrebbero passato lo stretto durante la notte, il generale Bastico ordinò all'ammiraglio Biancheri di inviare in agguato i Mas disponibili. Alle ore 17.00 del 20 maggio, salparono i cinque *Mas 523, 526, 546, 541 e 520*, guidati dal tenente di vascello Antonio March, che aveva dato ai suoi comandanti ordini precisi per attaccare le navi nemiche, raccomandando di serrare le distanze sino a distanze minime, approfittando delle condizioni favorevoli della notte calma e senza luna.

Le due prime unità sottili a raggiungere la zona assegnata furono i *MAS 523* (tenente di vascello Antonio Lombardo) e il *Mas 526* (Stenente di vascello Carlo Arcolessi), che alle 20.35 avvistarono le navi nemiche con rotta nord. Dopo aver lanciato il segnale di scoperta, e trovandosi in posizione favorevole tra le unità britanniche che avanzavano su due colonne, o due piccoli scafi si portarono all'attacco, e senza essere state avvistato lanciarono i loro quattro siluri, e ritennero di aver colpito probabilmente due incrociatori, uno dei quali, attaccato dal *Mas 526*, addirittura con due siluri. La reazione nemica, espressasi subito dopo il lancio con nutrito fuoco di artiglierie e mitragliere pesanti, fu inefficace, ed anzi, con l'oscurità della notte solcata da bagliori dei proiettili, servì a orientare sulla posizione in cui si trovava il nemico i *Mas 546* (tenente di vascello Antonio Mark), *541* (Guardiamarina Guido Cosulich) e *520* (Guardiamarina Carlo Griffon), che si trovavano in posizione più arretrata, ma sempre davanti alla rotta delle navi britanniche.

I tre Mas, che si trovarono a manovrare in mezzo alle unità nemiche, riuscirono ad attaccare, lanciando ognuno i suoi due siluri da breve distanza, per poi disimpegnarsi velocemente, con l'impiego dei motori principali, sotto un violento tiro di mitragliere e di artiglierie. Anche i comandanti dei tre piccoli scafi sostennero, con notevole ottimismo, di aver colpito due incrociatori; uno sicuramente con un siluro lanciato del *Mas 546*, e l'altro, probabilmente, con un altro siluro del *Mas 541*.

La stazione di vedetta San Giorgio, sull'isola Caso, segnalò di aver avvistato cinque bagliori e udito altrettante esplosioni, ragione per cui nell'ambito della Zona Militare

---

[26] Da ora in poi per quanto riguarda l'attività degli aerosiluranti dell'Asse, vedi: Francesco Mattesini, *Luci e ombre degli aerosiluranti italiani e tedeschi nel Mediterraneo – Agosto 1940 . Settembre 1943*, RiStampa Edizioni, Aquila, 2019.

dell'Egeo si fu indotti a ritenere che quanto dichiarato dai comandanti dei M.A.S. corrispondesse alla realtà. Successivamente, quando arrivò la notizia che il sommergibile *Onice* (capitano di corvetta Gustavo Lovatelli) aveva avvistato, nello stretto di Caso, soltanto tre cacciatorpediniere, contro i quali lanciò due siluri fallendo il bersaglio, il contrammiraglio Biancheri, condividendo l'ottimismo dei suoi comandanti, ritenne di poter sostenere con il generale Bastico, che le azioni dei Mas avevano portato all'affondamento o al grave danneggiamento di due incrociatori e di un cacciatorpediniere.

Nel contributo fornito il 20 maggio all'invasione di Creta dalla modesta Aeronautica italiana dell'Egeo vi fu una ricognizione sul porto di Alessandria da parte di un ricognitore Cant. Z. 1007 bis della 211ª Squadriglia del 50° Gruppo Bombardamento Terrestre. Nell'immagine, scattata alle ore 15.00, si rilevano le navi da battaglia britanniche *Warspite* e *Barham*, la portaerei *Formidable* [tipo "Illustrious"], la nave da battaglia francese *Lorraine*, l'incrociatore greco *Averoff*, due incrociatori britannici e due francesi, nonchè naviglio minore, ausiliario, e mercantile.

Rodi, marzo 1941, 4 aerosiluranti S. 79 della 281ª Squadriglia appena arrivati dall'Italia. All'inizio della campagna di Creta il reparto, comandato dal capitano Carlo Emanuele Buscaglia, ne aveva 6.

Il *Mas 526*, una delle quattro unità sottili italiane che, inviate in agguato nel Canale di Caso, nella tarda serata del 20 maggio attaccarono col siluro, senza però conseguire alcun risultato pratico, la Forza C del contrammiraglio King, costituita dagli incrociatori leggeri *Najad* e *Perth* e dai grossi cacciatorpediniere di squadra *Kandahar*, *Kingston*, *Nubian* e *Juno*.

A differenza di quanto affermato dai comandanti italiani, la Forza C era entrata nello stretto di Caso con le navi disposte in linea di fila. L'inizio dell'attacco dei Mas italiani si realizzò mentre le unità britanniche passavano tra le isole di Caso e di Scarpanto. Secondo la relazione dell'ammiraglio Cunningam un primo attacco fu percepito alle 01.30 dal cacciatorpediniere australiano *Nizam* (capitano di corvetta Max Joshua Clarck), che dette l'allarme trasmettendo: "*Siluro sulla destra*". Il siluro fu evitato con la manovra. Anche gli attacchi successivi non ottennero risultati, e furono contrastati dal tiro dei cacciatorpediniere *Juno* e *Kandahar* e dell'incrociatore *Naiad*. I comandanti di queste navi, dimostrando lo stesso ottimismo espresso dagli ufficiali italiani, affermarono di aver colpito e danneggiato 4 dei 6 Mas che ritennero avessero attaccato la Forza C.

Nel frattempo i tre cacciatorpediniere della Forza E, *Jervis*, *Nizam* e *Ilex*, dopo essersi portati nella baia di Pegadia, sulle coste orientali dell'isola di Scarpanto, a iniziare dalle ore 02.45 avevano cominciato il bombardamento dell'aeroporto italiano coi cannoni da 120 mm dalla distanza di circa 6.000 metri. Furono danneggiati leggermente da schegge due Do. 17 della Squadriglia Comando del 3° Gruppo del 2° Stormo Stuka (Stab.III./St.G.2), e feriti un ufficiale e due sottufficiali di quel reparto.

Come era stato pianificato dall'ammiraglio Cunningham, sempre nella notte sul 21 maggio il posamine veloce *Abdiel* (capitano di vascelloThe Hon-E. Pley dell-Bouverie) effettuò la posa di uno sbarramento di mine presso l'isola di Cefalonia e la costa di Levkas. Su questo sbarramento affondarono l'indomani la cannoniera *Pellegrino Matteucci*

Il Comandante di Mariegeo, ammiraglio di divisione Luigi Biancheri, in fraternità d'armi con un capitano di vascellodella Kriegsmarine.

Il cacciatorpediniere australiano *Nizam* che avvistato uno dei siluri lanciati dal Mas 523 e 526 risuscì a schivarlo con la manovra.

e il cacciatorpediniere *Carlo Mirabello*, entrambi italiani, e i piroscafi tedeschi *Kybfels* e *Marburg* i quali, essendo partiti in convoglio da Patrasso con destinazione Trieste, trasportavano elementi della 2ª Panzer-Division, ritirata dalla Grecia perché destinata a partecipare alla campagna di Russia. Le perdite di materiale furono ingenti, in quando si trovavano a bordo dei piroscafi 66 cannoni, 93 trattori, 15 carri armati, 136 motoveicoli e 680 autocarri.[27] Con le due navi si persero, oltre al carico dei materiali, anche 120 del 1.270 uomini che si trovavano a bordo.

***

Sul fronte terrestre, nella giornata del 21 maggio, i tedeschi stavano facendo notevoli successi a Maleme, mentre, invece, la situazione era ancora fluida a Heraklion e soprattutto a Retimo, ove, a causa delle forti perdite subite, la posizione fu difesa da un centinaio di paracadutisti. Questi riuscirono a stabilirsi in alcune case sulla strada per la Baia di Suda, e ogni tentativo per sloggiarli da quella posizione strategica, che interrompeva le comunicazioni britanniche con il Comando del settore, risultò vano. Ma, fu soprattutto a Maleme che le forze di Freyberg tentarono in tutti i modi di cacciare il nemico dall'aeroporto. E poiché l'appoggio aereo tedesco ai paracadutisti condizionava ogni tentativo di avanzata, fu deciso di effettuare, con il 20° Battaglione neozelandese e con il 28° Battaglione Maori, un attacco notturno che riconquistò quasi tutto il terreno dell'aeroporto. Ma poi, con il sopraggiungere delle prime luci del giorno, le truppe britanniche furono violentemente

---

[27] Historical Secacciatorpediniereion Admiraly, *Mediterranean*, vol. II, cit., p 105. Secondo il Comando italiano di Marina Morea (Marimorea), riportando dati tedeschi, il *Marlburg* trasportava 650 uomini, 61 carri armati e 119 veicoli, ed il *Kibfels* 650 uomini, 51 carri armati e 100 veicoli.

bombardate, a ondate successive, dai velivoli dell'VIII Fliegerkorps (due He. 111 del II./KG.26 furono abbattuti), e quindi costrette a ritirarsi.

I mezzi corazzati della 2ª Panzer Division, che avevano costituito la punta di diamante delle forze terrestri tedesche nell'invasione della Grecia, alla fine di aprile avevano partecipato alla sfilata della vittoria ad Atene, per poi cominciare trasferirsi a Patrasso per imbarcarsi sulle navi mercantili che dovevano sbarcarla a Trieste.

L'imbarco a Patrasso di un carro armato panzer IV della 2ª Panzer Division. Ma i due piroscafi tedeschi *Kybfels* e *Marburg*, che trasportavano i mezzi di quella grande unità, finirono su uno sbarramento di torpedini posato dal posamine veloce britannico *Abdiel*, ed affondarono entrambe. Ciò generò un certo risentimento dei tedeschi nei confronti degli italiani accusati di non aver individuato e segnalato in tempo lo sbarramento minato.

Conseguentemente durante i giorni 21 e 22 maggio, i velivoli da trasporto tedeschi, che trasportavano i reparti della 5ª Divisione da Montagna, continuarono ad atterrare a Maleme, nonostante il contrasto esercitato da un intensissimo fuoco contraereo, che abbatté parecchi Ju. 52. Questo continuo affluire di truppe permise ai tedeschi di costituire, nel settore di Malese, una forza sufficiente per respingere i contrattacchi delle truppe britanniche, i cui movimenti erano sempre più intralciati di giorno dalle incursioni della Luftwaffe.

Le operazioni aeronavali del 21 maggio e l'attacco al convoglio della torp. Lupo.

Intenzione dell'ammiraglio era che tutte le forze navali rimanessero a incrociare a sud di Creta nella giornata del 21 maggio, per poi ripetere, con il calare dell'oscurità, i movimenti notturni attuati il giorno 20. Pertanto le Forze A1, B e D, che si erano riunite, costituendo un complesso di 2 navi da battaglia (*Warspite* e *Valiant*), 5 incrociatori (*Orion*, *Dido* e *Ajax*, *Gloucester* e *Fiji*) e 10 cacciatorpediniere, rimasero ad incrociare in una zona situata a sud di Cerigo, dove le siluranti si rifornirono alle corazzate. La Forza D, non ancora raggiunta dall'incrociatore contraereo *Carlisle*, stava procedendo a sud dello stretto di Caso coi suoi due incrociatori *Naiad* e *Perth* e 4 cacciatorpediniere, mentre i tre cacciatorpediniere della Forza E, *Jervis*, *Nizam* e *Ilex*, dopo il bombardamento di Scarpanto stavano dirigendo per rientrare ad Alessandria.

Nonostante fosse stato deciso di mantenere i vari gruppi della flotta in una posizione abbastanza distante dagli aeroporti dell'Asse, durante la giornata del 21 maggio essi furono localizzati dai ricognitori dell'Asse, e sottoposte a pesanti attacchi aerei. La Forza A1, avvistata al mattino a circa 40 miglia a sud-sudovest di Capo Matapan fu attaccata da due formazioni del 1° Stormo Sperimentale, ciascuna costituita da dodici Ju. 88, appartenenti al I. e II./LG.1, ma non riportò danni. Un terzo attacco degli aerei tedeschi, con dieci Ju. 88 del II./LG.1 guidati dal comandante del gruppo capitano Gerhard Kollewe, avvenne nel pomeriggio ma si concluse con il medesimo scarso risultato.

La Forza C fu segnalata alle ore 09.15 dalla stazione di vedetta della Regia Marina sull'Isola di Caso con rotta sud, e fu poi bombardata in continuazione, dalle 09.50 alle 13.50, da diciassette Ju. 87 del III./St.G.2 e da quattordici bombardieri italiani decollati da Rodi in quattro formazioni: cinque Cant. Z. 1007 bis del 50° Gruppo, tre S. 84 del 41° Gruppo e tre S. 79 del 92° Gruppo, seguiti da tre aerosiluranti S. 84 del 41° Gruppo. L'attacco contro la formazione britannica da parte dei velivoli italiani si sviluppò a circa 40 miglia a sud di Caso, sotto una forte reazione contraerea che colpì gravemente tutti i velivoli da bombardamento, e che impedì agli aerosiluranti, che attaccarono contemporaneamente alla formazione del III./St.G.2 (cap. pil. Heinrich Brücker), di portarsi in posizione favorevole per effettuare il lancio dei siluri.

Il cacciatorpediniere *Jervis* che nella notte tra il 20 e il 21 maggio bombardò l'aeroporto di Scarpanto assieme al *Nizam* e all'*Ilex*.

Nel corso degli attacchi gli Ju. 87 tedeschi ritennero di aver colpito un incrociatore e un cacciatorpediniere. In realtà non conseguirono alcun risultato.

Fu più fortunata la formazione dei cinque Cant Z. 1007 bis del 50° Gruppo che, scortata da quattro caccia Cr. 42 della 162ª Squadriglia, attaccò a 80 miglia a sud dello Stretto di Caso al comando del tenente Mario Morassutti, che aveva per puntatore il tenente Baldoni. I Cant. Z. 1007 bis sganciarono dieci bombe da 250 chili e quindici bombe da 100 chili da una quota di 5.100 metri contro il cacciatorpediniere *Juno* (capitano di fregata St. John Reginald Joseph Tyrwhitt), che fu colpito alle 12.49 da due bombe, una delle quali cadde tra la sala macchine e la sala caldaie, mentre l'altra facendo esplodere un deposito munizioni, causò la perdita della nave che, sbandando sul fianco destro, si capovolse ed affondò nel breve spazio di due minuti. Decedettero 128 uomini dell'equipaggio, tra cui l'ufficiale in seconda Walter Starkie, che era cognato dell'ammiraglio Cunningham, avendone sposata la nipote Hilda. I novantasei superstiti, inclusi sei ufficiali furono recuperati dai cacciatorpediniere *Nubian*, *Kandahar* e *Kingston*.

Anche la Forza D fu pesantemente attaccata dalla Luftwaffe, e nel corso di una incursioni di 17 bombardieri in picchiata Ju. 87 del I./St.G.2, alle 09.20 l'incrociatore *Ajax* fu danneggiato da colpi caduti nelle sue immediate vicinanze, che deformarono le assi delle eliche e ridussero la velocità della nave a venticinque nodi. Altre bombe cadute alle 10.42 in vicinanza dell'*Orion* spezzarono l'affusto di un cannone, determinandone il distacco.

Sebbene gli attacchi aerei avessero portato fino a quel momento, alle navi dell'ammiraglio Cunningham, perdite e danni limitati, una brutta notizia arrivò dal fronte terrestre, in quanto l'aeroporto di Maleme fu catturato dai paracadutisti tedeschi, nonostante il forte contrasto esercitato dalle truppe britanniche. Per la Mediterranean Fleet era quindi necessario fare ogni sforzo per impedire che il nemico ricevesse rinforzi dal mare. Fino a quel momento nessuno sbarco si era verificato, ma il mattino del 21 maggio un messaggio trasmesso con il codice della macchina cifrante Enigma rivelò ai britannici che i tedeschi si stavano preparando ad inviare rinforzi a Creta via mare. Un velivolo da ricognizione Maryland del 39° Squadron della R.A.F., di base in Egitto, fu inviato ad investigare nel Mare Egeo, e nel pomeriggio confermò l'informazione segnalando la presenza, a 80 miglia a nord di Retimo, di un gruppo di motovelieri (caicchi) che, scortati da una torpediniera italiana, dirigevano verso Creta, provenienti da Milo.

Una formazione di bombardieri in quota italiani Cant Z. 1007 bis del 50° Gruppo dell'Aeronautica dell'Egeo che il 21 maggio affondarono il cacciatorpediniere *Juno* nello Stretto di Caso, conseguendo il primo successo delle due aviazioni dell'Asse nel corso della battaglia di Creta.

Il cacciatorpediniere bitannico *Juno*, della classe *Jervis*.

L'istante in cui il cacciatorpediniere *Juno*, centrato in pieno da due bombe dirette sull'obiettivo dal puntatore del ten. pil. Marassutti, tenente Baldoni, esplose ed affondò con grandi perdite di vite umane.

Per la Marina britannica era venuto il momento di agire, e durante la notte tra il 21 e il 22 maggio le Forze B, C. e D si avvicinarono simultaneamente attraverso gli stretti di Cerigo e di Caso, al fine di prevenire i temuti sbarchi dal mare, andando a ricercare i convogli. Alla Forza D l'ordine di entrare in Egeo, trasmesso dal Comandante della Mediterranean Fleet, fu ricevuto dal contrammiraglio Glennie alle ore 17.05 del 21. La Forza D, che fu accompagnata fino a notte dalla Forza A1 per proteggerla da attacchi aerei, si distaccò dalle corazzate *Warspite* e *Valiant* alle 19.20, per fare rotta verso lo stretto di Cerigotto alla velocità di ventiquattro nodi. In questa fase della navigazione, alle 19.30 si ebbe un terzo attacco aereo da parte degli Ju. 87 del 2° Stormo Stuka, e nell'occasione fu ritenuto che due o tre aerei tedeschi fossero stati abbattuti dal fuoco delle navi. In realta nel corso degli attacchi aerei della giornata del 21 maggio contro la Forza C andarono perduti quattro aerei tedeschi: tre Ju. 87 del III./St.G.2 e uno Ju. 88 del II./LG.1 e furono danneggiati altri tre Ju. 87 del I./St.G.2.

***

Secondo il piano di operazione n. 1 dell'Ammiraglio Sud-Est, nei giorni 20 e 21 maggio avrebbero dovuto raggiungere le spiagge settentrionali di Creta due convogli partiti dal Pireo: il primo, costituito da venticinque motovelieri della 1ª Flottiglia sotto la scorta della torpediniera *Sirio*, e trasportante 2.331 soldati della 5ª Divisione da montagna (5ª Gebirgsjager), doveva giungere a Maleme nel pomeriggio del 21; il secondo, costituito da trentotto motovelieri della 2ª Flottiglia sotto la scorta della torpediniera *Sagittario*, e trasportante 4.000 uomini, doveva arrivare ad Heraklion il giorno successivo. Era prevista, nelle ore diurne, un'intensa protezione aerea da parte della Luftwaffe. Inoltre, un convoglio di piroscafi, carichi di artiglierie di carri armati, formatosi anch'esso al Pireo, era pronto a salpare, non appena ne avesse ricevuto l'ordine.

Ma, in relazione alla poco chiara situazione che si stava verificando nella zona di Heraklion – Maleme, l'Ammiraglio Sud-Est dovette rinunciare al piano originale, che prevedeva, per il primo convoglio, di sbarcare a Maleme alle ore 16.00 del 20 maggio, giorno X dell'operazione "Merkur". In questa decisione v'influì anche la constatazione che la velocità media del convoglio era molto bassa, non superando i due nodi, e pertanto *"con tale velocità non si poteva contare con sicurezza che l'approdo a Maleme potesse avvenire ancora di giorno"*. Di ciò i britannici avrebbero potuto approfittare *"per disturbare i motovelieri dopo il tramonto mentre erano ancora in rotta od in procinto di approdare"*.[28] Malgrado queste circostanze, la rischiosa operazione, per le notizie sfavorevoli che arrivavano da Creta, doveva essere ugualmente realizzata, e di fronte all'urgenza ne conseguì che la partenza del convoglio fu soltanto rimandata al giorno successivo, sebbene esso disponesse di una protezione navale assolutamente insufficiente.

Del convoglio facevano parte anche i motovelieri italiani *Rosa, Labor, Adriatico* e *Padre Eterno* che tra l'altro imbarcavano anche circa sessanta marinai di un distaccamento spiaggia della Forza Navale Speciale, il rimorchiatore *Boeo* e il piroscafetto romeno *Carmen Sylva*: A bordo della *Sirio* – della 1ª Squadriglia Torpediniere – si trovava il capitano di fregata tedesco Herbert Devantier, in qualità di capo convoglio. Ma a causa di un'avaria all'elica verificatasi la sera del 18 maggio subito dopo la partenza, il *Sirio* era stata costretto a rientrare, e fu sostituito nell'incarico da un'altra torpediniera, la vecchia *Curtatone* (capitano di corvetta Serafino Tassara). Questa, però, non poté raggiungere Milo, dove si trovava il convoglio di motovelieri che doveva scortare, perché nel percorrere la canale di sicurezza nel Golfo di Atene, per un errore di rotta, finì su una mina di uno sbarramento greco esplosa sotto lo scafo alle ore 13.50 del 20 maggio, e affondò rapidamente, con la perdita di novantaquattro del centotrenta uomini dell'equipaggio incluso il comandante, a una distanza di 2.200 metri dal faro di Phleves.

Fu quindi la torpediniera *Lupo* (capitano di fregata Francesco Mimbelli) a essere incaricata di provvedere alla scorta del convoglio dei venticinque motovelieri della 1ª Flottiglia (le cui modeste unità erano chiamate nei rapporti tedeschi *"gusci di noce"* e la loro formazione *"flottiglia zanzara"*), che dopo essere stato richiamato a Milo il 20 maggio, nel pomeriggio dello stesso giorno ebbe l'ordine di riprendere il mare. A causa del ritardo verificatosi nella sostituzione della scorta, il convoglio salpò nella notte con l'ordine di raggiungere alle 08.00 del 21 un punto a 40 chilometri a sudovest di Milo sulla rotta per Maleme, e attendervi il risultato delle ricognizioni aeree. Poiché le segnalazioni sui movimenti navali del nemico tardavano ad arrivare, e durante la notte era giunta la conferma che forze di superficie britanniche incrociavano a nord delle coste di Creta con rotta ovest, fu ordinato al convoglio *"di invertire la rotta per allontanarsi dal nemico"*. Alle ore 07.15, con la testa del convoglio che si trovava ancora a una distanza di 50 miglia da Maleme, il *Lupo* ricevé da Marisudest l'ordine di fermarsi sul posto, e un'ora dopo, alle 08.15, di rientrare

---

[28] AUSMM, Relazione dell'Ammiraglio Sud-Est n. 830/41 del 23 maggio 1941, fondo *Scontri navali e operazioni di guerra*, b. 32.

alla base del Pireo, oppure, se le condizioni favorevoli lo avessero permesso, di fermarsi a Milo.

A questo punto, un altro elemento che aggravò la situazione fa rappresentato dalla mancata ricezione di due segnali dell'Ammiraglio Sud-Est, ritrasmessi da Marisudest con notevole ritardo, a causa dal complicato sistema di cifratura della Regia Marina che determinava inconvenienti molto ricorrenti nell'emanazione degli ordini. Il sistema di trasmissione tedesco era molto più veloce potendo contare, anche a livello di piccole navi o comandi minori, sulle macchine cifranti Enigma, il cui codice però, lo ricordiamo, era stato decrittato dai britannici. Inoltre, il convoglio continuava a procedere a una velocità bassissima di poco più di due nodi, a causa del mare di prora con forza 3, mentre sette delle sue piccole navi, per sopraggiunte avarie, erano state costretti a dirigere per rientrare al Pireo e in parte a sostare a Milo.

La torpediniera italiana *Curtatone*, che il 20 maggio, presumibilmente per un errore di manovra, affondò nel Golfo di Atene sulle mine di uno sbarramento difensivo greco.

La torpediniera italiana *Lupo* fotografata durante la sua missione di scorta al convoglio di motovelieri tedeschi diretto a Creta con a bordo gli alpini della 5ª Divisione.

Conseguentemente, in quelle condizioni di mare mosso, rimanevano con il *Lupo* diciotto unità, che la torpediniera tentava di tenere riuniti, trasmettendo segnalazioni a bandiera e con il megafono. Nella navigazione verso nord, ora effettuata con mare di poppa, la velocità dei motovelieri aumentò, e alcuni di essi, per rendere la loro rotta più rapida, alzarono le vele.

Circa un'ora e mezzo più tardi arrivò al *Lupo* dall'Ammiraglio Sud-Est la comunicazione che tutta la zona di mare a nord delle coste di Creta era sgombra da navi nemiche, per cui fu ordinato al convoglio di riprendere la rotta per Maleme alla massima velocità consentita dai motovelieri. La navigazione proseguì nel tardo pomeriggio con il mare abbastanza agitato, tanto che, nuovamente, la velocità diminuì considerevolmente a non più di due nodi l'ora. Alle 20.30, quando l'oscurità era scesa, e la costa di Creta si trovava molto vicina, fu individuato il fanale rosso fisso del frangionde di La Canea, località che era ancora in mano ai britannici, per cui il comandante Mimbelli ritenne che quella luce potesse servire di guida a una formazione navale nemica che si trovava nella zona. Ordinò il posto di combattimento e dispose che le vedette esercitassero la maggiore vigilanza possibile.

In effetti a quel momento la Forza D era vicinissima, e stava avanzando alla velocità di ventotto nodi, perché l'ammiraglio Glennie riteneva di essere in ritardo sul programma per intercettare il convoglio tedesco. Volendo evitare un eventuale attacco di unità insidiose di superficie prima di estendere la ricerca delle navi nemiche, gli incrociatori *Orion*, *Dido* e *Ajax* si disposero nell'ordine in linea di fila con i cacciatorpediniere *Isis*, *Kimberley*, *Imperial* e *Janus* che occupavano le posizioni avanzate. Intenzione di Glennie era quella, avvistato il convoglio, di attaccarne la scorta con gli incrociatori lasciando ai caccia il compito di affondare ogni altra nave. Alle 23.30, trovandosi alle 23.30° nord di La Canea con rotta 90°, il cacciatorpediniere *Janus*, che aveva a sinistra l'incrociatore *Dido*, avvistò il convoglio dei motovelieri, scortato da una o forse due torpediniere italiane.

Naturalmente si trattava del *Lupo* che si trovava sul lato dritto del convoglio in prossimità delle unità di testa. Alle 22.33 una vedetta della torpediniera segnalò l'avvistamento a dritta di un cacciatorpediniere che, alla distanza di 1000-1200 metri, procedeva a buona velocità con rotta opposta a quella del *Lupo*. Il comandante Mimbelli, accostando immediatamente sulla dritta e aumentando la velocità, tentò di lanciare i siluri, ma il cacciatorpediniere, riconosciuto del tipo "Jervis" per l'unico fumaiolo (era il *Janus*), non lo permise invertendo rapidamente la rotta per poi dirigere verso la testa del convoglio. Allora, mettendo alla massima forza il *Lupo* cominciò a stendere una cortina di fumo per occultare alla vista i motovelieri, e si preparò a lanciare i siluri di prora. Ma subito dopo, alle 22.35, Mimbelli avvistò al traverso a dritta, con rotta convergente alla sua, una grossa unità che ritenne un incrociatore del tipo "Dido", e quasi contemporaneamente fu fatto segno a un tiro d'artiglieria che proveniva da diverse direzioni.

Il cacciatorpediniere *Janus*. Fu il primo ad avviostare il convoglio della *Lupo* e con la manovrà non permise alla torpediniera *Lupo* di attaccarlo con i siluri.

In effetti, l'unità avvistata era il *Dido*, la nave ammiraglia di Glennie, che stava dirigendo verso nord. Il *Lupo*, senza più occuparsi del cacciatorpediniere *Janus*, accostò immediatamente sulla dritta per portarsi decisamente all'attacco del *Dido* alla velocità di venti nodi, e trenta secondi dopo lanciò due siluri contro l'incrociatore da una distanza di circa 700 metri. Quindi accosto subito sulla sinistra per disimpegnarsi, ma nella manovra fu illuminato da un proiettore. Il *Dido* vide la torpediniera fare fumo e lanciare i siluri, per poi passargli a poppa, e per evitare di essere colpito virò bruscamente a dritta per poi cominciare a sparare con le armi a corta gittata. Una sua prolungata raffica sparata con un complesso pom-pom a quattro canne da 40 mm, fu vista colpire il ponte di coperta della torpediniera. In effetti, mentre manovrava per allontanarsi, con l'aria solcata dalle codette luminose dei proiettili e il mare ribollire per gli scoppi delle granate d'artiglieria che cadevano tutt'intorno allo scafo, il *Lupo* colpito da numerosi colpi sobbalzo ma non rallento la sua corsa. Fu a questo punto che, dietro il *Dido*, apparve sulla sinistra e a brevissima distanza la sagoma di un secondo incrociatore, l'*Orion* che era a sua volta seguito dall'*Ajax*. Il comandante Mimbelli temette che una collisione con l'*Orion* fosse imminente, ma il *Lupo* riuscì a evitarla passando a pochi metri dalla poppa dell'incrociatore dopo essere defilato lungo il suo fianco dritto, mentre le armi leggere delle unità britanniche lo inquadravano con i loro proietti. Nel corso di questa manovra l'*Ajax*, provenendo dalla sinistra passò a un centinaio di metri dalla poppa della torpediniera, mentre l'*Orion*, nel virare per evitare i siluri, nascose con il suo scafo al *Dido* la sagoma del *Lupo*. Ne conseguì che sparando una raffica prolungata con i pom-pom da 40 mm, il *Dido* colpì l'*Orion* che, oltre a riportare alcuni danni, ebbe uccisi due uomini e feriti altri nove. Dopo di che la torpediniera, che era passata tra l'*Orion* e *Ajax*, fu ancora sottoposta al fuoco nemico, e l'*Ajax* ritenne di avergli dato *"il colpo di grazia con una bordata conclusiva a poppa"* dei suoi cannoni da 152 mm.[29] Alle stesse conclusioni, nei confronti del *Dido*, arrivò il comandante Mimbelli il quale, avendo visto sull'incrociatore su cui aveva lanciato i siluri *"un vivissimo bagliore"*, seguito da sospensione del tiro, ritenne erroneamente di averlo colpito. Si accorse anche le navi britanniche stavano sparandosi l'una contro l'altra e su un povero motoveliero, dopo di che approfittò della conclusione per disimpegnarsi.

Questa azione della torpediniera *Lupo*, durata in tutto nove minuti, dalle 22.35 alle 22.44, è stata giudicata in Italia, e in particolare nell'ambito della Marina, un'impresa memorabile, che aveva portato almeno al siluramento, se non all'affondamento, di un incrociatore, ritenuto essere il *Dido*. Il comandante Mimbelli fu insignito della Medaglia d'Oro al Valor Militare, e ancora oggi è onorato, dal momento che uno dei più moderni cacciatorpediniere italiani porta il suo nome.

Per anni, fino ai giorni nostri, si è tentato di far luce sull'episodio, ma la stessa storia ufficiale della Marina ha dovuto ammettere, dopo molte perplessità, che l'azione della torpediniera *Lupo*, pur notevole dal punto di vista aggressivo e combattivo come riconobbero anche i tedeschi, non aveva portato a nessun risultato; e tanto meno, era riuscita a proteggere il convoglio dei motovelieri e dei piccoli piroscafi tedeschi che perse undici delle diciotto navi.[30] L'impressione del comandante Mimbelli di aver colpito il *Dido* con un siluro, poteva derivare dal bagliore di una vampata delle artiglierie principali di uno degli incrociatori a far ritenere al comandante Mimbelli e ai suoi uomini di aver raggiunto il bersaglio. Questa impressione fu anche convalidata dagli ufficiali tedeschi a bordo del *Lupo*, che addirittura sostennero che i due siluri lanciati dalla torpediniera erano entrambi giunti a segno[31]. Anche i britannici ritennero di aver concluso lo scontro a loro favore, dal momento che l'incrociatore *Ajax* si accreditò il merito di aver affondato la torpediniera, dopo che essa era passata tra l'*Orion* e lo stesso *Ajax*.

---

[29] National Archives, Rapporto del contrammiraglio Glennie n. 600/257 del 4 giugno 1941, fondo *ADM 199/810*; Messaggio delle ore 0516 del 23 maggio 1941 del Comandante 7ª Divisione sui danni riportati dall'*Orion*; AUSMM, Traduzione rapporto del contrammiraglio Glennie, fondo *Scontri navali e operazioni di guerra*, b. 32; per i dettagli di navigazione degli incrociatori britannici: *National Archives*, fondo *ADM 199/81*.

[30] AUSMM, Torpediniera *Lupo*, Rapporto di missione", fondo *Scontri navali e operazioni di guerra*, b. 32.

[31] Particolarmente inattendibile, e la ricostruzione di un presunto danno provocato all'*Orion*, da parte di un siluro del *Lupo* che sarebbe esploso nei pressi dell'incrociatore; ricostruzione fatta da Errico Cernuschi nell'articolo "La notte del Lupo", pubblicato in *Rivista Marittima* di novembre 1997. L'autore, riferendosi ad una pubblicazione del "Royal Corp of Naval Costructors" (reperita a Londra in una bancarella, ma che si può tranquillamente consultare al National Archives, al fondo *ADM 234/44* – Pubblicazione Confidential declassificata C.B. 4273 - 52), nonché anche in Internet, ha posto l'attenzione su una serie di danni riportati dall'*Orion* il 21 maggio 1941, ed ha ritenuto di dubitare che un grosso squarcio sul fianco dell'incrociatore fosse stato causato da una bomba, come la pubblicazione chiaramente espone, perché, erroneamente, nella pubblicazione stessa si parla di danno causato da una bomba nel corso di un'azione notturna. Cernuschi, ha ritenuto di addebitare quell'avaria ad uno dei due siluri lanciati dal *Lupo*, che sarebbe esploso ad una trentina di metri dall'incrociatore. A parte il fatto, conosciuto, che i siluri italiani esplodevano soltanto per contatto, è chiaramente accertato, senza alcun dubbio, che quello squarcio sul fianco dell'*Orion* era stato determinato, alle ore 10.42 del 21 maggio, da bombe sganciate dagli aerei tedeschi Ju. 87 del I./St.G.2 ed esplose in vicinanza dello scafo dell'incrociatore. Questo, tra l'altro, per la violenza delle concussioni delle esplosioni delle bombe da 500 chili, riportò anche il distacco dell'affusto di un cannone, la morte di due uomini e il ferimento di altri 5. Questa doverosa precisazione va fatta, per la serietà della "Verità Storica". Il riscontro del danno causato all'*Orion* si trova negli specchi di navigazione dell'incrociatore, conservati al National Archives al fondo *Ships Logs ADM 53*, in cui si parla chiaramente di bombe esplose vicino alla nave, alle 10.42 del 21 maggio. La relazione dell'ammiraglio Glennie è riportata, tradotta, nell'Annesso n. 3 di questo libro.

Sopra, il contrammiraglio Irvine Gordon Glennie, comandante della Forza D, che imbarcato sull'incrociatore *Orion* (sotto), attaccò a nord di Creta il convoglio scortato dalla torpediniera *Lupo*.

L'incrociatore *Dido*, che durante l'attacco al convoglio tedesco prese di mira con i pom-pom la torpediniera *Lupo* che stava attaccando coraggiosamente, per poi attraversare, nella manovra di disimpegno, la linea degli incrociatori britannici tra il medesimo *Dido* e l'*Ajax*.

    Subito dopo la conclusione del combattimento il *Lupo*, si allontano con lo scafo forato da ben diciotto colpi di medio e piccolo calibro (dieci nelle sovrastrutture e otto nell'opera morta) e molti colpi di mitragliera, e avendo riportato tra gli uomini dell'equipaggio due morti e ventisei feriti, dei quali quattro molto gravi. Fortunatamente le avarie non riguardarono l'opera viva e l'apparato motore, per cui la torpediniera aveva potuto mantenere la massima velocità per poi allontanarsi. Invece, gli incrociatori britannici, rimanendo nella zona, si dedicarono, nelle due ore seguenti alla distruzione delle piccole navi del convoglio germanico, rimasto senza alcuna protezione. Lo stesso incarico fu portato a termine dai cacciatorpediniere della Forza D, che manovrando a forte velocità e separatamente dagli incrociatori, essendo molto sparpagliate, non poterono scambiare con la nave ammiraglia le necessarie segnalazioni. Ciò non deve sorprendere, poiché l'eventualità era stata tenuta in considerazione dal contrammiraglio Glennie.

    Con l'ausilio dell'ecogoniometro e del radar (tipo 279 sull'*Ajax*, tipo 281 sul *Dido*, tipo 286 con antenna in posizione fissa prodiera sull'*Orion*), furono localizzati, incendiati e affondati undici dei diciotto scafi del convoglio, tra cui il piccolo piroscafo romeno *Carmen Silvia*, di 1.501 tsl carico di munizioni, il trabaccolo italiano *Padre Eterno (V5)*, e le golette greche *Polyvios*, *Agios Georgios*, *Anastassia*, *Antonius*, *Agia Trias*, *Angelos*, *Enos*, *Evangelistria* e *Sifunas*. La maggior parte delle navi del convoglio, non comprendendo bene cosa stesse accadendo, fecero segnali di riconoscimento, a cui le unità della Forza D risposero accendendo i proiettori e illuminandole, per poi constatare che erano piene di truppe tedesche, ed innalzavano la bandiera greca. A questo punto, la relazione dell'ammiraglio Glennie è alquanto cinica, riportando: *"Gli equipaggi logicamente facevano pressione sugli uomini, ammassandosi in coperta e sventolando bandiere bianche e fu molto spiacevole doverli uccidere insieme ai loro insensibili comandanti*".[32]

L'azione della Forza D si prolungò per due ore e mezzo, e i britannici ritennero fossero annegati circa 4.000 soldati tedeschi, mentre in realtà vi furono 342 morti, tra cui 31 ufficiali, mentre si salvarono 1.665 uomini, inclusi 21 italiani. Per soccorrere i naufraghi del convoglio, i tedeschi impiegarono tutti i velivoli idrovolanti disponibili, soprattutto i Do. 24 che operando in condizioni di spazio limitato e dovendo portare un forte carico, raccolsero 178 uomini. Tra quelli salvati dai mezzi navali accorsi nella zona del sinistro, 180 fra ufficiali e soldati tedeschi e 4 marinai britannici di una nave affondata dalla Luftwaffe, furono salvati dal rimorchiatore italiano *Boeo* (capo nocchiere di 1ª classe Barone), che inizialmente aveva rimorchiato alcuni motovelieri.

Dopo aver distrutto il convoglio, anche usando lo speronamento come accadde all'*Ajax* che affondò in quel modo sbrigativo un motoveliero, riportando leggeri danni alla prora, alle 03.30 del 22 maggio il contrammiraglio Glennie diresse per levante, dando appuntamento alle sue navi disperse a 30 miglia ad ovest di Creta. Secondo le istruzioni impartite dal Comandante della Mediterranean Fleet, le Forze C e D dovevano operare a nord di Creta a iniziare dalle ore 05.30 di quello stesso giorno 22, sempre ché non vi fossero stati sviluppi durante la notte, per intercettare i convogli tedeschi diretti a Creta. Ma poiché nel corso degli attacchi aerei vi era stato sulle navi della Forza D un forte consumo di proiettili contraerei, segnalato dal *Dido*, l'ammiraglio Cunningham ordinò al contrammiraglio Glennie di raggiungere Alessandria con la maggiore sollecitudine.

Mentre stava dirigendo verso quella base egiziana alla velocità di ventotto nodi, la Forza D fu localizzata, poco dopo l'alba del 22 maggio, da velivoli da ricognizione tedeschi, e poi attaccata durante la giornata da bombardieri in picchiata e in quota, che però, contrariamente a quanto aveva temuto il contrammiraglio Glennie uscendo dall'Egeo, non conseguirono alcun successo sulle sue navi. Ma per i britannici ciò rappresentò una ben magra soddisfazione, poiché proprio nella giornata del 22 la potenza aerea tedesca sarebbe aumentata con l'arrivo in Grecia degli Ju. 88 del III./KG.30 e degli Ju. 87 del 2° e 3° Gruppo del 1° Stormo Stuka (II. e III./St.G.1), che si trasferirono dalla Sicilia nelle basi di Eleusis e del Peloponneso.

La sorte capitata al convoglio protetto dalla torpediniera *Lupo* dette ragione alle perplessità espresse dal generale Ringel, il quale una volta conosciuto il piano di trasporto della sua 5ª Divisione da Montagna, per via di mare e con mezzi navali raccoglitticci piccoli e leggeri, "*definì l'impresa una pazzia*", in quanto aveva considerato che "*le speranze di evitare le unità della marina britannica erano molto scarse*".[33] In effetti, soprattutto criticabile appare il metodo pianificato per il trasferimento dei motovelieri a Creta con navigazione notturna, poiché per scortare quella flottiglia di fortuna venne a mancare l'imponente copertura aerea che di giorno sarebbe stata assicurata dalla Luftwaffe. L'importanza dell'appoggio dell'Arma aerea tedesca non avrebbe tardato a manifestarsi, e fu grazie

---

[32] National Archives, Rapporto del contrammiraglio Glennie n. 600/257 del 4 giugno 1941, fondo *ADM 199/810*; AUSMM, Traduzione rapporto del contrammiraglio Glennie, fondo *Scontri navali e operazioni di guerra*, b. 32.

[33] AUSMM, Relazione dell'Ammiraglio Sud-Est n. 830/41 del 23 maggio 1941, fondo *Scontri navali operazioni di guerra*, b. 32.

all'intervento dei bombardieri dell'VIII Fliegerkorps che l'indomani, 22 maggio, fu evitata la distruzione del secondo convoglio, quello scortato dalla torpediniera *Sagittario*.

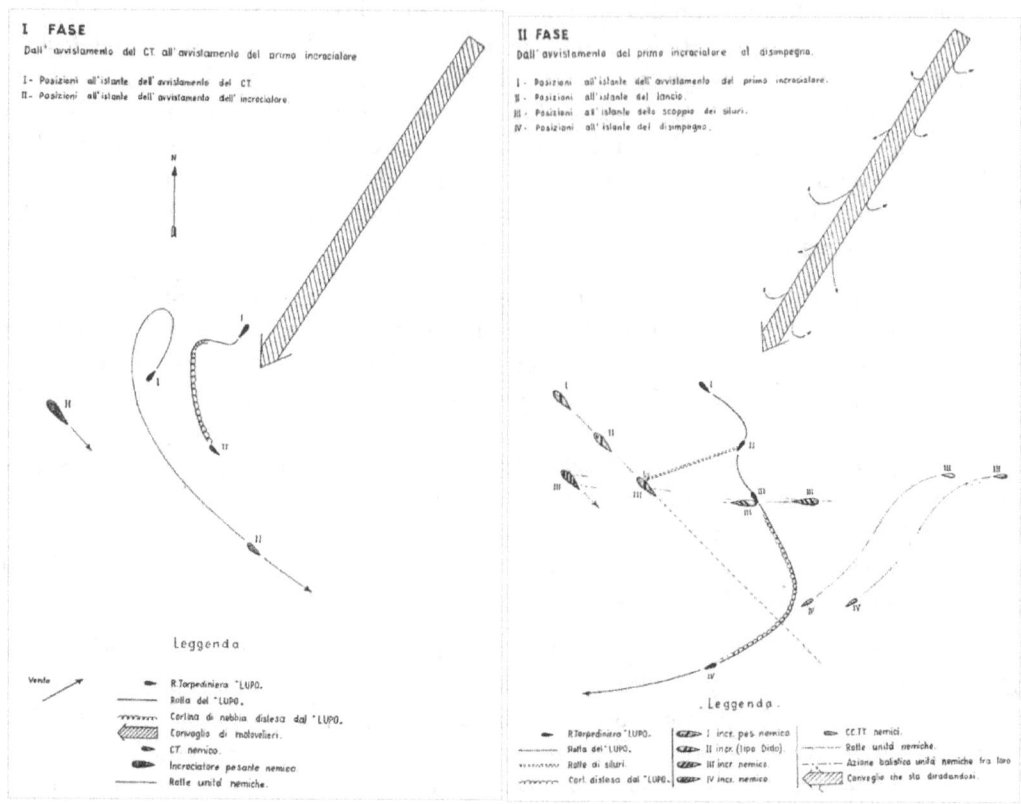

La prima e la seconda fase del combattimento della torpediniera *Lupo*.
Nella relazione del tenente di vascello Mimbelli.

Le operazioni aeronavali del 22 maggio e l'attacco della Forza D al convoglio di motovelieri della torpediniera Sagittario.

Il mattino del 22 maggio la posizione dei vari gruppi navali della Mediterranean Fleet nelle acque di Creta era la seguente:[34]

a) La Forza A1 (corazzate *Warspite* e *Valiant*) era a circa 45 miglia a sudest di Cerigo, e dirigeva verso nordest.

b) La Forza B (incrociatori *Gloucester* e *Fiji*) stava manovrando per riunirsi alla Forza A1.

d) La Forza C (incrociatori *Dido*, *Orion* e *Ajax*) si trovava a circa 30 miglia ad ovest dello stretto di Cerigo, e dirigeva per raggiungere Alessandria.

---

[34] A.B. Cunningham, "The Battle of Crete", *Supplement to The London Gazette* n. 38296.

c) La Forza D (incrociatori *Naiad, Perth, Calcutta* e *Carlisle*) aveva raggiunto durante la notte, alle 04.00, una posizione situata davanti ad Heraklion, e si stava spostando rapidamente verso nordovest per la ricerca di convogli di motovelieri.

e) I cacciatorpediniere *Kelly, Kashmir, Kipling, Kelvin* e *Jackal*, aveva lasciato il porto maltese di La Valletta la sera del 21 maggio, con l'ordine di ricongiungersi al mattino del 22 con la Forza A1 ad ovest di Creta.

f) I cacciatorpediniere *Jervis, Nizam* e *Ilex*, dopo essere tornati ad Alessandria per il rifornimento, erano salpati di nuovo ed ora si trovavano in rotta per lo stretto di Caso.

g) I cacciatorpediniere australiani *Stuart, Voyager* e *Vendetta* avevano lasciato Alessandria il 21 maggio con l'ordine di unirsi alla Forza A1.

Secondo da sinistra, il capitano di fregata Francesco Mimbelli, ex comandante della torpediniera *Lupo*, nel 1942 in Romania. Gli è accando il Comandante della Marina tedesca grande ammiraglio Erich Raeder.

Mentre la Forza C del contrammiraglio Glennie si apprestava ad uscire dall'Egeo, per poi ricevere l'ordine di rientrare ad Alessandria, la Forza D del contrammiraglio King, aveva completo il rastrello affidatogli nella notte tra il 21 e il 22 maggio presso Heraklion, senza fare alcun incontro con navi nemiche. Alle 08.30 la formazione si stava dirigendo verso Milo, quando fu avvistato il motoveliero *S 13*, che sfuggito al massacro del convoglio scortato dalla torpediniera italiana *Lupo*, non possedendo la radio e non potendo ricevere l'ordine di rientrare a Milo, aveva proseguito nella sua rotta per Maleme. L'*S 13*, carico di soldati tedeschi della 5ª Divisione da Montagna e comandato dal tenente di vascello Horbach, fu affondato dall'incrociatore australiano *Perth*, che si era staccato dalle altre unità della Forza D. Nello stesso tempo, il *Naiad* impegnò con le sue artiglierie da 133 mm a tiro rapido un gran numero di aerei tedeschi, che stavano iniziando ad attaccare le navi britanniche, per far pagare loro, a caro prezzo, le azioni intraprese contro i convogli nell'Egeo.

Secondo la relazione dell'Ammiraglio Sud-Est le prime informazioni del mattino segnalarono che all'alba, contrariamente al solito, le navi britanniche non avevano abbandonato la zona dell'Egeo, ma la perlustravano con notevoli forze d'incrociatori e cacciatorpediniere, spingendosi verso nord fino alla zona di Milo. Poiché le segnalazioni degli aerei indicarono che anche il secondo convoglio diretto a Heraklion, guidato dalla torpediniera *Sagittario*, trovandosi ancora molto a sud di Milo, stava correndo il grave rischio di essere intercettato, il Comando della 4ª Luftflotte ordinò a tutte le unità disponibili dell'VIII Fliegerkorps di attaccare i gruppi navali britannici *"per salvare i motovelieri la cui distruzione appariva inevitabile"*.[35]

Nonostante fossero già iniziati gli attacchi aerei, la Forza D continuò ad operare nella zona dell'Egeo in cui si trovava, e alle 09.00 l'incrociatore contraereo *Calcutta* avvistò di prua un grande piroscafo, che i cacciatorpediniere ebbero l'ordine di affondare. Alle 10.00 la Forza D si trovava a 25 miglia a sud della punta orientale dell'isola Milo, ossia a 90 miglia a nord di Retimo, con l'incrociatore *Naiad* spostato molto di poppa dal resto della formazione. Dieci minuti più tardi fu avvistato verso nord un'unità, ritenuta un cacciatorpediniere, che si trovava vicina a quattro o cinque grossi velieri, mentre, in realtà si trattava della torpediniera italiana *Sagittario*, che scortava il convoglio assegnatole.

La torpediniera *Sagittario* in Egeo. Le striscie bianco e rosse a prora servivano com riconoscimento per gli aerei amici.

***

Il *Sagittario*, comandato dal tenente di vascello Giuseppe Cigala Fulgosi, e sul quale si trovava il direttore delle operazioni di sbarco della Kriegsmarine, capitano di fregata Hans von Lipinski, partì da Milo alle ore 02.30 del 22 maggio, con il suo convoglio di trentotto motovelieri tedeschi della 2ª Flottiglia, che imbarcavano 6.000 uomini dell'85°

---

[35] AUSMM, Relazione dell'Ammiraglio Sud-Est n. 830/41 del 23 maggio 1941, fondo *Scontri navali e operazioni di guerra*, b. 32.

Reggimento truppe da montagna, comandato dal colonnello August Krakau. Il convoglio era diretto a Maleme, distante 80 miglia da Milo, anziché a Candia come era stato fissato nell'ordine generale di operazione del Comando Marina Sud-Est, in quanto non essendo ancora chiara la situazione determinatasi a Candia, i tedeschi intendevano concentrare tutti gli sforzi nella conquista di Suda.

Ma in seguito all'avvistamento di unità navali nemiche segnalato dalla Luftwaffe a nord di Candia, per non correre rischi, alle 08.00 fu ordinato al *Sagittario* di rientrare a Milo. Questa tempestiva segnalazione servì per contribuire a salvare le navi del convoglio che la torpediniera stava scortando, senza essere informata sulla situazione del nemico, non avendo ricevuto i telegrammi di allarme diramati dal Comando tedesco.

Alle ore 08.40, trovandosi a circa 18 miglia da punta Psali, sulla costa estrema meridionale dell'isola di Milo, il *Sagittario* avvistò verso levante quattro incrociatori e poi anche due cacciatorpediniere che procedevano con rotta sud. Trovandosi di poppa alla formazione dei motovelieri, la torpediniera ebbe il tempo di manovrare alla massima forza per coprire il convoglio, stendendo, con i suoi due nebbiogeni di poppa, una cortina di fumo, che si estese rapidamente agevolata dal vento di Grecale. Subito dopo il *Sagittario* si portò risolutamente all'attacco delle unità nemiche che, alle 08.53, erano state viste accostare verso la torpediniera. Si trattava, naturalmente, delle navi della Forza D, gli incrociatori *Naiad*, *Perth*, *Calcutta* e *Coventry*, e i grossi cacciatorpediniere di squadra *Kandahar*, *Kingston* e *Nubian*.

Alle 08.59, nel momento in cui il tenente di vascello Cigala Fulgosi ordinava di mettere la prora sulle unità nemiche, queste si trovavano a una distanza di circa 18.000 metri. Con la torpediniera che avanzava a tutta forza, alle 09.03 la distanza si ridusse a 12.500 metri. A questo punto il *Sagittario* cominciò ad essere inquadrato dal tiro di due navi, ritenute incrociatori, il primo delle quali (il *Naiad*) sparò una prima salva che, sebbene centrata, cadde a una distanza di 50-100 metri dalla torpediniera. La prima salva della secondo incrociatore (il *Perth*) risultò, invece, alquanto lunga.

Non appena il telemetro batté la distanza di 12.000 metri, il comandante Cigala Fulgosi ordinò ai tre pezzi da 100 mm di aprire il fuoco, e continuò ad avanzare con decisione sotto il tiro delle unità nemiche, sviluppato con ritmo molto serrato e con dispersioni minime delle salve dei proietti che cadevano molto vicini allo scafo del *Sagittario*, senza però riuscire a mettere colpi a segno sulla torpediniera. Fu un vero miracolo perché le alte colonne d'acqua sollevate dalle esplosioni di proietti investirono con cascate d'acqua la coperta della torpediniera, senza causarle alcun danno.

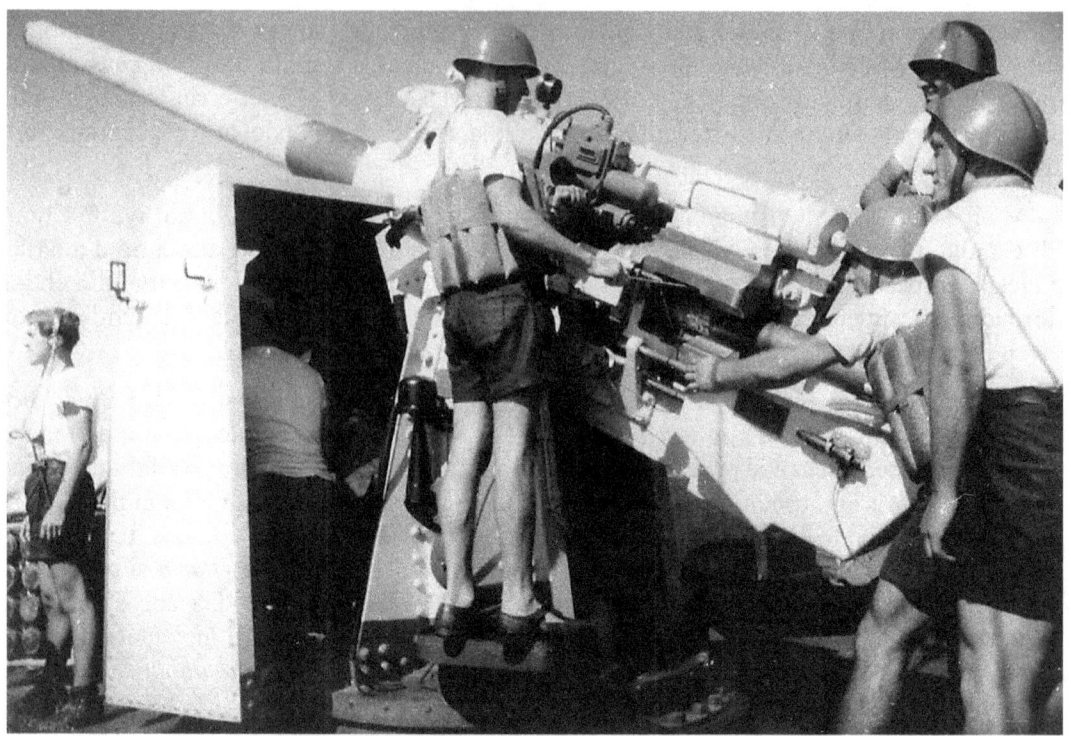

Cannone OTO da 100/47 mm della torpediniera *Sagittario*. Gli uomini sono in assetto di combattimento.

Due navi del convoglio affidato alla scorta della torpediniera *Sagittario*

Dall'immagine di parte dei motovelieri scortati dalla torpediniera *Sagittario* in navigazione per Creta si può comprendere di quali povertà di mezzi navali venissero impiegati nei due convogli tedeschi.

Alle 09.06, quando erano trascorsi sette minuti dall'istante in cui il *Sagittario* era partito all'attacco e tre minuti dal momento dell'inizio del tiro nemico, il comandante della torpediniera ordinò di mettere in punteria i tubi di lancio sul bersaglio, distante 8.000 metri; quindi, assumendo rotta di controbordo, quasi parallela al nemico, alle 09.07, con i lanciasiluri del *Sagittario* che si trovavano in punteria, ordinò *"Fuori i due siluri di dritta"*. Nel disimpegnarsi manovrò dirigendo per levante per nascondersi nella cortina fumogena, sempre sottoposto a forte fuoco d'artiglieria, che cercò di disorientare con continue accostate. Alle 09.14 Cicala Fulgosi udì gli urli degli uomini dell'equipaggio, in controplancia e al centro della torpediniera, che avevano visto sollevarsi *"due grandi colonne d'acqua al centro e sotto il torrione del secondo incrociatore"*. Puntando il binocolo egli distinse soltanto *"un enorme colonna di fumo dall'altezza di circa 100 m. e di almeno pari larghezza"* dissipatisi la quale constatò che rimanevano tre incrociatori. Tutti gli uomini in plancia, compreso il comandante von Lipinski, confermarono questa versione.[36]

Da uno dei natanti del convoglio un segnalatore tedesco comunica con la bandiera con la torpediniera *Sagittario*.

---

[36] "Supermarina, Rapporto di missione della R. Torp. SAGITTARIO relativo alla missione svolta nei giorni 20-21-22 maggio 1941.XIX", fondo *Scontri navali e operazioni di guerra*, b. 32.

Bellissima immagine dell'incrociatore australiano *Perth* all'ancora nel porto di Alessandria nella primavera del 1941. A differenza degli incrociatori classe "Dido" era armato con otto cannoni da 152 mm in impianti binati. Sotto il tenente di vascello Giusepe Cigala Fulgosi, comandante della torpediniera Sagittario.

Le affermazioni del comandante Cigala Fulgosi non generarono all'epoca in Italia dubbi di sorta, e l'impresa del *Sagittario*, inserita nel Bollettino di Guerra, fu considerata un modello da imitare e come tale venne reclamizzata al massimo, soprattutto negli ambienti della Regia Marina. Purtroppo, la verità era ben differente.

Subito dopo aver lanciato i siluri, invertita la rotta, il *Sagittario* si riportò verso il convoglio dei motovelieri, ancora distante dalle navi nemiche della Forza D, e restò per qualche tempo in una posizione intermedia tra le due formazioni. Poiché le unità britanniche dirigevano con rotta ovest, a velocità molto superiore a quella che poteva sviluppare il *Sagittario*, Cigala Fulgosi si trovo nelle condizioni di non poter guadagnare sul bersaglio per lanciare gli altri due siluri rimastigli, come sarebbe stata sua intenzione.

Nei restanti minuti, fino alle 09.23, la torpediniera si trovò impegnata a schivare, da notevole distanza, il tiro delle unità nemiche, che risultò nuovamente centrato ma anche privo di risultati positivi. Poi fu impegnata a contrastare l'azione offensiva di un cacciatorpediniere, il *Kingston* (capitano di corvetta Philip Somerville), che staccatosi dagli incrociatori dirigeva verso il *Sagittario*, distante 6.500 metri. La torpediniera rispose al tiro dei 120 mm dell'unità nemica facendo fuoco con i pezzi da 100 mm, e ritenne, erroneamente, di aver colpito il bersaglio con due granate[37]. Il duello continuò fino alle 09.28, quando, alla distanza scesa a 14.000 metri, il cacciatorpediniere, imitando la manovra degli incrociatori, che avevano cessato il fuoco, accosto per sud allontanandosi dalla zona. Anche il *Kingston* ritenne di aver colpito e *"danneggiato la torpediniera avversaria"* con due proiettili, *"e segnalò di aver visto un gran numero di caicchi in fase di affondamento dietro la cortina di nebbia"* prodotta dai cacciatorpediniere nemici.[38] Quanto all'attacco agli incrociatori della *Sagittaro*, nel rapporto dell'ammiraglio Cunmninghan é stranamenete scritto *"non risulta che abbia effettuato un attacco contro le forze dell'Ammiraglio King"*.

A questo punto, quando la distruzione del convoglio di motovelieri era già a portata di mano, si ebbe l'inversione di rotta della Forza D, che l'ammiraglio King, come riportato nella relazione dell'ammiraglio Cunningham, giustificò con il timore di perdere tutte le sue navi *"se avesse proceduto in avanti verso nord"* per gli attacchi aerei. King temeva che potesse finire il munizionamento ad alto esplosivo consumato in grande quantità, mentre la velocità dell'incrociatore *Carlisle*, ridottasi a ventuno nodi, condizionava la navigazione in formazione, che era la forma di difesa antiaerea più efficace. Pertanto King decise di

---

[37] Su un presunto danneggiamento del Kingston da parte di due proietti da 100 mm sparati dalla Sagittario, vedi Jack Greene & Alessandro Massignani, The Naval War in the Mediterranean 1940-1943, Londra, Chatham, 1998, p. 170. Tuttavia, per un errore degli autori, il presunto danneggiamento del cacciatorpediniere è stato assegnato all'azione del Lupo invece che a quella del Sagittario. L, 'errore, che può portare a dei leciti dubbi sull'effettivo danneggiamento del Kingston, è stato rilevato, e inesattamente legittimato da Errico Cernuschi, in "La giornata del Sagittario", Rivista Marittima, ottobre 2000, p. 128-129, assegnandone la convalida al "Final Report of the Comander in Chief of the Mediterranean Fleet", titolo che Green e Massignani hanno semplicemente inserito nell'elenco bibliografico del loro volume, assieme alla collocazione del PRO: fondo ADM 199/806. Ancora più fantasiosa ("Lettera al Direttore", Rivista Marittima, Novembre 2000), e la ricostruzione del presunto danneggiamento del Naiad, determinata, secondo Cernuschi, da un siluro del Sagittario che sarebbe esploso a qualche metro di distanza, dopo essere passato sotto la carena prodiera dell'incrociatore britannico. Come vedremo, il danno che causò un grosso foro allo scafo del Naiad fu causato, alle 11.25 del 22, da una bomba tedesca caduta vicino all'incrociatore, durante un attacco di velivoli Ju 88 del I./LG.1 svoltosi a sud dell'isola Milos.

[38] A.B. Cunningham, *L'odissea di un marinaio*, cit., p. 232.

ritirarsi e ordinando "*ai cacciatorpediniere di abbandonare la caccia*" al convoglio. Un messaggio di Cunningham, spedito alle 09.41 e "*segnalante che quel convoglio era di notevole importanza*", arrivò a King dopo le ore 11.00, ed egli non ritenne possibile cambiare rotta tornando a nord.

Sulla sinistra di questa immagine, dal *Sagittario* sono fotografati due colpi da 100 mm sparati della torpediniera e diretti contro una delle navi britanniche, che si trovava alquanto distante.

Colpi caduti vicino alla prora della torpediniera che sta andando all'attacco per portarsi al lancio dei siluri.

Una nuova salva di sei colpi cade presso il *Sagittario*, questa volta di poppa. L'immagine dà un'altra dimostrazione di come fossero raccolte le salve delle navi britanniche.

Il *Sagittario*, dopo aver manovrato per lanciare i siluri, per occultarsi al tiro nemico stende una cortina di fumo.

La repentina manovra di disimpegno della Forza D, verificatasi quando ormai il convoglio dei motovelieri era alla sua portata, salvandolo da "*totale distruzione*", com'è scritto in una relazione dell'Ammiragliato, poteva essere interpretata dai marinai italiani come una fuga del nemico determinata dal presunto affondamento dell'incrociatore. Quindi il *Sagittario* – che nel combattimento, durato mezz'ora, aveva sparato 53 colpi in 26 salve e lanciato 2 siluri senza riportare alcun danno e nessuna perdita umana – non solo poteva vantare di aveva conseguito un successo tattico ma, fattore ancora più importante, anche un successo strategico mettendo in fuga le navi britanniche e salvando il convoglio che le era stato affidato. La realtà era ben differente, perché lo scarso impegno dimostrato dalla Forza D nell'agire contro il convoglio tedesco e lo scopo della sua ritirata, avevano ragioni di altra natura, come ben presto dovette accorgersi lo stesso comandante Cigala Fulgosi.

Il cacciatorpediniere *Kingston* che impegnò con i suoi cannoni da 120 mm la torpediniera *Sagittario* senza riuscire a colpirla.

Nello stesso momento in cui le unità del contrammiraglio King stavano invertendo la rotta, esattamente alle ore 09.29 del 22 maggio, dal *Sagittario* furono viste sopraggiungere formazioni di Stuka tedeschi che cominciarono ad attaccare le navi britanniche in ritirata. Conseguentemente, scrisse nella sua relazione il Comandante della torpediniera: "*Mi spiego pertanto perché il nemico abbia accostato*". Quasi contemporaneamente alcuni degli Ju. 87 diressero, per errato riconoscimento, sul *Sagittario* e nel corso di cinque attacchi in picchiata, sganciarono altrettante grosse bombe, che fortunatamente non colpirono la torpediniera, che procedeva a zig-zag alla massima forza, senza aprire il fuoco.

Raggiunta la flottiglia dei motovelieri, sparpagliati ma tutti incolumi, il *Sagittario* si dedicò a riunire gli scafi che erano in vista e, avendoli riportati in formazione serrata, li condusse fino a 20 miglia da Milo, mantenendosi in posizione di scorta a poppa del convoglio, per poi consegnarlo alla torpediniera *Alcione*, che lo rilevò nella scorta. Quindi il *Sagittario* tornò indietro per raggiungere la zona dove si era svolto il combattimento, e in cui l'*Alcione* gli aveva segnalato trovarsi dei naufraghi, e prolungando la ricerca per quattro ore fino alle 18.20 del 22 maggio recuperò oltre 100 superstiti di un piroscafetto affondato nella notte e l'equipaggio di uno Stuka tedesco che era stato abbattuto in mattinata. Altri diciotto uomini di un motoveliero furono salvati il 23 maggio dalla torpediniera *Lira*, inviata assieme a tre Mas nella zona del combattimento, per recuperare i naufraghi delle navi affondate.

L'azione combattiva del *Sagittario* fu apprezzata dall'ammiraglio Schuster. Nella sua relazione, compilata dopo aver sentito il parere del capitano di fregata von Lipinski, che "*segnalò il comportamento intelligente e deciso*" del tenente di vascello Cigala Fulgosi, l'ammiraglio Schuster scrisse che il comandante della torpediniera, nell'andare all'attacco per salvare il convoglio, rimanendo per trentacinque minuti sotto il tiro del nemico e lanciando i siluri da 7.000 metri contro un incrociatore della classe "Leander", probabilmente colpendolo, aveva svolto "*il suo compito con spirito aggressivo*".[39]

Nei rapporti britannici quasi nessun accenno e fatto sull'azione offensiva della *Sagittario*. A un quesito dell'Ufficio Storico della Marina Militare, per avere maggiori dettagli su quella vicenda, la risposta della Sezione Storica dell'Ammiragliato fu alquanto deludente, confermando quanto avevano scritto dagli ammiragli King e Cunningham. Un episodio che, nel dopoguerra, dopo la conoscenza dei fatti descritti nelle relazioni ufficiali britanniche, era discusso e vissuto in Italia con parecchio disagio e incredulità, poiché, nel frattempo, il comandante della torpediniera era stato decorato con la Medaglia d'Oro al Valor Militare.

Tornando al disimpegno della Forza D, l'operato del contrammiraglio King, per non aver completato con le sue navi la manovra iniziata per la distruzione del convoglio protetto dal *Sagittario*, fu ritenuta inopportuna, dall'ammiraglio Cunningham, e criticata anche da Churchill, il quale ha sostenuto nelle sue memorie che King "*subì durante la ritirata perdite di entità uguale a quelle che avrebbe avuto se fosse riuscito a distruggere il convoglio*". Occorre dire che King, come annotò nel suo rapporto, aveva passato ventiquattro "*ore tremende*", essendo stato costretto a fronteggiare attacchi di Mas e di aerei che avevano affondato il cacciatorpediniere *Juno*, ragion per cui gli ufficiali e gli uomini degli equipaggi delle sue navi "*erano stanchi e si trovavano in serio stato di tensione*", mentre le munizioni stavano esaurendosi. Lo stato di pericolo sarebbe ancora aumentato considerevolmente se la Forza D avesse continuato a dirigere verso nord; ed era questa una condizione, come affermò a sua volta l'ammiraglio Cunningham, che rendeva la posizione di King "*assai spinosa*".[40]

Dopo aver consegnato il convoglio alla torpediniera *Alcione* il *Sagittario* tornando indietro per ricercare le due navi del convoglio che mancavano all'appello, incontrò un piccolo piroscafo in fiamme che non faceva parte del suo convoglio, e che era stata colpita da un cacciatorpediniere britannico. Doveva trattarso di una nave del convoglio "Lupo".

---

[39] USMM, Relazione dell'Ammiraglio Sud-Est n. 830/41 del 23 maggio 1941, fondo *Scontri navali e operazioni di guerra*, b. 32.
[40] A.B. Cunningham, *L'odissea di un marinaio*, cit., p. 233.

La nave in fiamme era ormai perduta, e il *Sagittario*, fermando le macchine, ne recuperò i naufraghi.

Il sollievo degli uomini che venivano salvati.

per cui gli ufficiali e gli uomini degli equipaggi delle sue navi "*erano stanchi e si trovavano in serio stato di tensione*", mentre le munizioni stavano esaurendosi. Lo stato di pericolo sarebbe ancora aumentato considerevolmente se la Forza D avesse continuato a dirigere verso nord; ed era questa una condizione, come affermò a sua volta l'ammiraglio Cunningham, che rendeva la posizione di King "*assai spinosa*".[41]

---

[41] A.B. Cunningham, *L'odissea di un marinaio*, cit., p. 233.

La ritirata dell'ammiraglio King aveva indubbiamente salvato il convoglio scortato dal *Sagittario*, anche se poi nelle tre ore successive la sua Forza D sarebbe andata incontro ad una serie incessante di attacchi aerei, che erano favoriti dalla lunga e chiara giornata diurna e dalla vicinanza delle basi tedesche. Tuttavia la presenza in Egeo delle navi della Forza D portò ugualmente ad un successo strategico, almeno temporaneo, perché fece tornate indietro il convoglio del *Sagittario* e impedì che un terzo convoglio tedesco fosse fatto proseguire per Creta ove, nel pomeriggio del 21 maggio, la situazione delle truppe avio-trasportate e dei paracadutisti era apparsa critica.

In queste condizioni, il Comando tedesco decise che alcuni battaglioni di soldati, rinforzati da truppe speciali da montagna, fossero trasportati con cacciatorpediniere e torpediniere italiane, per essere sbarcati in spiaggia aperta nei pressi di Maleme, ove la situazione a terra era più preoccupante. La richiesta fu avanzata a Marisudest, che dispose affinché le truppe tedesche fossero imbarcate al Pireo sui cacciatorpediniere *Crispi* e *Sella* e sulle torpediniere *Lince*, *Libra* e *Monzambano*. Le unità salparono alle 05.00 del 22 maggio, ma alle 08.15, per la presenza in mare della Forza D, segnalata come "*grossa formazione nemica*" da aerei tedeschi poco prima che prendesse contatto con il convoglio della torpediniera *Sagittario*, le cinque navi italiane ricevettero l'ordine di rientrare alla base. La rotta era stata appena invertita quando alle 08.45 si ebbe, per errato riconoscimento, l'attacco di una formazione di Ju. 87 dello St.G.2. Uno degli Stuka, dopo aver sganciato una grossa bomba, caduta vicina al *Sella*, mitragliò il cacciatorpediniere causandogli alcune avarie, la morte di tre uomini e quindici feriti tra i membri dell'equipaggio, cui si aggiunsero altri due morti e diciassette feriti tra le truppe germaniche trasportate dalla silurante.

Il cacciatorpediniere *Quintino Sella* che per errore fu bombardato e mitragliato da aerei tedeschi.

La constatazione che, particolarmente di notte, a nord di Creta stazionavano in continuazione unità navali britanniche, convinse l'Alto Comando tedesco dell'Egeo a desistere dall'idea di effettuare altri trasporti di truppe e materiali per via di mare, almeno fino a quando non fosse stata allargata la testa di ponte sulle coste settentrionali dell'isola. Fu quindi realizzato un ponte aereo tra la Grecia e l'aeroporto di Maleme, ove nel corso del 22 e del 23 maggio gli Ju. 52 portarono parecchi rinforzi.

Potenza aerea contro potenza navale. Il trionfo della Luftwaffe.

Nella sua rotta di ritirata dall'Egeo, passando a nord di Capo Spada per raggiungere le corazzate della Forza A1, che al mattino del 22 maggio si trovava a 45 miglia a sud-ovest dello stretto di Cerigotto, la Forza D dell'ammiraglio King fu bombardata praticamente in continuità per tre ore e mezza dai bombardieri in picchiata Ju. 87 dello St.G.2, dai bombardieri Ju. 88 del I. e II./LG.1 e del III./KG.30, e dai bombardieri Do. 17 del KG.2. In un carosello infernale, arrivando da varie direzioni, gli aerei tedeschi si susseguirono ininterrottamente sugli obiettivi portandosi contro sole, e attaccando con ardite picchiate contrastato da un fuoco antiaereo violentissimo che abbatté due Ju. 88 del II./LG.1.

Il *Naiad*, la nave di bandiera del contrammiraglio King, fu bombardato dalle 09.47 fino al 11.43, nel corso di incursioni aeree che si svilupparono a intermittenza, con gli aerei tedeschi che arrivavano controsole, sempre di poppa, costringendo l'incrociatore, che faceva fuoco con tutte le sue armi surriscaldate, ad effettuare frequenti accostate di emergenza. Alle 11.25 però una formazione di 10 Ju. 87 del I./St.G.2, al comando del capitano Hubertus Hitschold, attaccò in due ondate di cinque velivoli ciascuna, lasciando cadere circa 36 bombe nel giro di una decina di minuti, tre o quattro delle quali sfiorarono il *Naiad*, ed esplodendo nelle sue vicinanze causarono ampi danni strutturali per le schegge che colpirono la nave a prora al di sopra e al disotto dello scafo. Due torri delle artiglierie principali da 133 mm furono messe fuori servizio, si allagarono parzialmente a prora diversi compartimenti fino alla paratia n. 34 e, per avarie alle macchine ausiliarie, la velocità della nave scese inizialmente a sedici nodi. L'incrociatore, con solo due torri efficienti, resto scaduto e per proteggerlo l'ammiraglio King ordinò alle altre unità della Forza D di tornare indietro. Successivamente, il *Naiad*, i cui danni, secondo una relazione tecnica, furono limitati alla parte saldata dello scafo, aumento la velocità fino a raggiungere i diciannove nodi.

L'incrociatore contraereo *Carlisle*, che già aveva difficoltà a mantenere elevata la velocità, attaccato dagli Ju. 88 del I./LG 1, alle 12.35 fu colpito in pieno da una bomba, caduta alla base del fumaiolo che fu distrutto, mentre alcune avarie riportò l'impianto radar. Nel complesso il *Carlisle* non riportò gravi danni, ma il suo comandante, capitano di vascello Thomas Claud Hampton, restò ucciso nel corso di un mitragliamento effettuato da un isolato caccia Bf. 109 del III./JG.77. Anche l'incrociatore *Perth*, a causa di una bomba caduta vicino allo scafo, ebbe distrutta la direzione del tiro dei cannoni da 152 mm, e la sua velocità scese a venticinque nodi. Poi, alle 12.58 e alle 13.15, si svilupparono gli attacchi di alcuni aerosiluranti, che non ottennero alcun effetto, poiché i siluri furono evitati dalle navi con la manovra.[42]

---

[42] Complessivamente il 1° Stormo Sperimentale impiegò nella giornata del 22 maggio contro la flotta britannica 40 Ju. 88, dei quali 18 del I./LG.1, 15 del II./LG.1 e 7 del III./KG.30. Capitano di fregatar. Peter Taghon, *Die Lehrschwaders 1*, Germania, 2004, vol. 1, p. 238.

Acque di Creta, 22 maggio 1941. La colonna d'acqua sollevata dall'esplosione di una bomba caduta vicina allo scafo dell'incrociatore *Perth*.

In conseguenza di una richiesta di aiuto del contrammiraglio King, ed essendo arrivato a conoscenza che il *Naiad* era stato seriamente danneggiato, il comandante della Forza A1, manovrando da ovest di Creta, diresse per entrare nell'Egeo, allo scopo di dare sostegno alla Forza D. Alle ore 13.21, il contrammiraglio King vide arrivare dallo Stretto di Cerigo la formazione delle corazzate *Warspite* e *Valiant* e sei cacciatorpediniere, che procedevano alla velocità di ventitré nodi, la massima sostenibile per quelle vecchie navi veterane della prima guerra mondiale. A questo punto il dramma cui andarono incontro le unità della Mediterranean Fleet era già iniziato più a ponente, a sud del Peloponneso, con gli incrociatori della Forza B *Gloucester* e il *Fiji*, e i cacciatorpediniere *Greyhound* e *Griffin*, che durante la notte avevano svolto un pattugliamento al largo di Capo Matapan, e si trovava in una posizione, come riferì il contrammiraglio Rawlings, che *"serviva splendidamente allo scopo di attirare aerei nemici"*.[43]

L'ordine impartito, alle 22.55 del 21 maggio, dal Comandante in Capo della Mediterranean Fleet di procedere verso Heraklion con la massima sollecitudine, arrivò al capitano di vascello Rowley, sul *Gloucester*, troppo tardi. Ne conseguì che quando la Forza B entrò nell'Egeo si trovò sul far del giorno a 25 miglia a nord della Canea, e attendendosi pericolosi attacchi aerei dovette ritirarsi. Ma, era ormai troppo tardi. I ricognitori tedeschi cominciarono a segnalare le Forze A1 e B, e il Comando dell'VIII Fliegerkorps non si lasciò sfuggire l'occasione per colpirle duramente. Sempre favoriti da una luminosa giornata di

---

[43] A.B. Cunningham, *L'odissea di un marinaio*, cit., p. 234.

sole formazioni di bombardieri in quota, in picchiata e di cacciabombardieri attaccarono con decisione in ondate successive, ottenendo risultati straordinari.

Per le quattro navi della Forza B, che dirigevano verso occidente per raggiungere la Forza A1, le preoccupazioni ebbero inizio alle ore 06.30, quando la formazione cominciò ad essere attaccata dai bombardieri in picchiata tedeschi del 2° Stormo Stuka. Il comandante, colonnello Oskar Dinort, impiegò gli Ju. 87 dei gruppi I./St.G.2 e I./St.G.3 decollati da Molai, guidati dai capitani Hubertus Hitschold e Walter Sigel, i quali proseguirono le loro azioni d'attacco quasi in continuazione per un'ora e mezzo. E gli aerei germanici di quei due gruppi di Stuka, che già stavano sottoponendo allo stesso duro trattamento le unità della Forza D del contrammiraglio Glennie, misero tanto impegno nelle loro azioni offensive da non fare eccessiva distinzione tra amici e nemici perché, come abbiamo visto, attaccarono anche la torpediniera *Sagittario* e il cacciatorpediniere *Sella*. Tuttavia, durante quei primi attacchi la Forza B fu alquanto fortunata perché schivando le bombe il *Fiji* e il *Gloucester* riportarono soltanto danni superficiali. Pertanto gli incrociatori e i loro due cacciatorpediniere di scorta poterono raggiungere la Forza A1 alle ore 08.30, in una zona situata 45 miglia a sudovest dello stretto di Cerigotto, quando anche la Forza D si era ricongiunta al gruppo delle navi da battaglia. Poi la scorta alle corazzate fu rinforzata dall'arrivo di undici cacciatorpediniere, il *Kelly*, *Kashmir*, *Kipling*, *Kelvin* e *Jackal* salpati da Malta, e lo *Stuart*, *Voyager* e *Vendetta*, *Jervis*, *Nizam* e *Ilex* provenienti da Alessandria. In tal modo venne a costituirsi presso la Forza A1 un forte complesso di 29 navi che comprendeva: le due corazzate *Warspite* e *Valiant*, i sei incrociatori leggeri *Gloucester*, *Fiji*, *Dido*, *Orion*, *Naiad* e *Perth*; i due incrociatori contraerei *Calcutta* e *Coventry*; e diciannove cacciatorpediniere. La situazione delle munizioni ad alto esplosivo era causa di molta ansietà, poiché, alle ore 09.30, l'ammontare in percentuale sulle corazzate e sugli incrociatori leggeri (escluso il danneggiato *Naiad*) era la seguente: *Warspite* 60%, *Valiant* 80%, *Gloucester* 18%, *Fiji* 30%, *Dido* 25%, *Orion* 38% e *Ajax* 40%.[44]

---

[44] A.B. Cunningham, "The Battle of Crete", *Supplement to The London Gazette* n. 38296.

Bombardieri in picchiata Ju 87 del 1° Gruppo del 3° Stormo Stuka (I./St.G. 3) in volo sul cielo di Trapani. L'immagine è del 6 gennaio 1941.

Una bomba cade a poppa del fianco destro della corazzata *Warspite*.

Alle 13.12 il contrammiraglio Rawlings, sulla *Warspite*, vide verso levante gli scoppi delle granate dei cannoni contraerei degli incrociatori della Forza B, che si stavano difendendo da un attacco di bombardieri in picchiata Ju. 87 dello St.G.2, e venti minuti più tardi si verificò contro la Forza A1 un attacco di 2 cacciabombardieri Bf. 109 della 8ª Squadriglia del 3° Gruppo del 77° Stormo Caccia (8./JG.77), pilotati dai tenenti Wolf-Dietrich Huy e Kurt Ubben. I velivoli tedeschi, sbucanti da una nube solitaria, diressero contro la *Warspite* (capitano di vascello Douglas Blake Fischer), e il tenente Huy, la colpì sul fianco destro, presso il fumaiolo, con la sua bomba da 250 chili che, centrando la zona dei cannoni da 152 e dei 102 mm, e distruggendo la 4ª e la 6ª batteria, mise fuori combattimento metà dei pezzi contraerei della nave da battaglia e danneggiò il locale caldaie n. 3, che per il fumo dovette essere evacuato. 43 uomini dell'equipaggio rimasero uccisi e 68 feriti. La *Warspite* fu anche attaccata da alcuni distruttori Bf. 110 del 1° Gruppo del I./ZG.26, uno dei quali, della Squadriglia Comando, fu abbattuto.

Il successo conseguito dal tenete Huy, che era un vero asso in quel tipo di attacchi, costituì un colpo durissimo per la corazzata, in quanto la *Warspite* – che nella notte sul 24 giugno 1941 sarebbe stata nuovamente colpita ad Alessandria da una bomba da 1.000 chili sganciata durante un attacco di venticinque velivoli Ju. 88 del I e II./LG.1 – rimase fuori combattimento per ben sette mesi.

E' da osservare che, per la lontananza degli aeroporti in Egitto, nessun aereo da caccia della RAF e della FAA si trovava sul cielo delle navi al momento dell'attacco tedesco, e anche dopo. Infatti, per la loro limitata autonomia, i caccia britannici sarebbero stati assenti sul cielo della flotta durante tutta la giornata, e ciò contribuì indubbiamente a facilitare i successi della Luftwaffe.

Poco prima che si verificasse il danneggiamento della *Warspite*, alle ore 13.12, il cacciatorpediniere *Greyhound* (capitano di fregata Wakter Roger Marshall-A D'Eane) fu staccato dalla Forza A1 per affondare un grosso motoveliero individuato tra le isole Pori e Cerigotto. Il *Greyhound* compì la missione con successo, e mentre stava rientrando in formazione per riprendere la sua posizione di scorta nello schermo, fu attaccato, alle 13.51, da sei Ju. 87 della 1ª Squadriglia del I./St.G.2. Colpito in pieno da due bombe, il cacciatorpediniere, riportò gravissimi danni e in 15 minuti affondò di poppa a circa 5 miglia dall'isola Pori. Decedettero 82 uomini compreso il comandante. I feriti furono 23, mentre tra i superstiti del *Gryhound* 65 uomini furono salvati da una nave tedesca partita da Cerigotto.

La *Warspite* infiamme, dopo essere stata colpita dalla bomba da 500 chili sganciata dal Bf 109 del tenente Huy.

Il tenente Wolf-Dietrich Huy, della 8ª Squadriglia del III./JG.77 che colpì la corazzata *Warspite*. Sulla deriva del timone del suo Bf 109 sono riportati i successi su unità navali e degli aerei abbattuti.

Il cacciatorpediniere britannico *Greyhound*, che il 22 maggio fu affondato ad occidente di Creta dagli Ju 87 della squadriglia 1/St.G.2.

Il contrammiraglio King che, essendo l'ufficiale più anziano in grado tra i comandanti dei vari gruppi navali britannici, aveva preso il comando della flotta, ordinò ai cacciatorpediniere *Kandahar* (capitano di fregata William Geoffrey Arthr Robson) e *Kingston* di andare a recuperare i naufraghi del *Greyhound*. Da questa perfettamente e corretta decisione, sarebbero derivati una serie di avvenimenti che portarono la Royal Navy a pagare un prezzo altissimo. King, che non era a conoscenza delle lacune di munizionamento contraereo degli incrociatori della Forza B, poco dopo le 14.00 ordinò al *Fiji* e al *Gloucester*, di andare in sostegno dei due cacciatorpediniere, per poi rimanere vicino al *Greyhound*, non ancora affondato, fino al calar della notte. Mentre il *Kandahar* e il *Kingston* si dedicavano al salvataggio dei naufraghi del *Greyhound*, furono soggetti a continui bombardamenti e mitragliamenti a bassa quota, che in parte procurarono perdite agli uomini del cacciatorpediniere che si trovavano in mare. In queste azioni degli aerei tedeschi, il *Kingston* fu danneggiato da tre bombe cadute vicino allo scafo, e fu poi mitragliato da due Bf. 109 che uccisero dieci uomini dell'equipaggio.

Il *Kandahar* all'ancora ad Alessandria. Dietro il cacciatorpediniere, che recuperò parte dei naufraghi del *Greyhound*, vi è un incrociatore del tipo "Dido".

Alle 14.13 King chiese a Rawlings di fornirgli un immediato appoggio con le corazzate, poiché le sue navi della Forza D, che si stavano avvicinando da levante alla Forza A1, erano quasi rimaste senza munizioni contraeree. Rawlings, che stava manovrando verso lo stretto di Cerigo per avvicinarsi alla Forza D alla maggiore velocità sostenibile dalla danneggiata *Warspite*, ossia diciotto nodi, essendo anche preoccupato per l'ordine impartito da King agli incrociatori *Gloucester* e *Fiji*, informò il collega sullo stato delle loro lacune di munizionamento contraereo ad alto esplosivo. Questa preoccupante rivelazione indusse il Comandante della Forza D a ordinare ai due incrociatori della Forza B di ritirarsi riuniti, a discrezione dei loro comandanti, anche se non erano stati recuperati tutti naufraghi del *Greyhound*.

Poco più di mezz'ora più tardi, alle 15.30, il *Gloucester* e il *Fiji* furono visti avvicinarsi a poppa della Forza A1, manovrando a grande velocità. Essi si trovavano sotto l'attacco in picchiata dei bombardieri Ju. 88 del I. e II./LG.1, rispettivamente comandati dai capitani piloti Cuno Hoffmann e Gerhard Kollewe, e il *Gloucester* riportò alcuni danni per bombe esplose in prossimità dello scafo. Dieci minuti più tardi, alle 15.40, arrivarono tre velivoli He. 111 della 6/KG.26, ciascuno armato con due siluri che però non raggiunsero il bersaglio costituito dal *Gloucester*. Quindi alle 15.50 sopraggiunsero gli Ju. 87 del I./St.G.2, e la 3ª Squadriglia di questo Gruppo, guidata dal tenente pilota Ernst Kupfer, concentrò la sua azione sul *Gloucester*, colpendolo con tre bombe e immobilizzandolo a circa 9 miglia per 297° dall'isoletta di Pori. Ridotto in un relitto in fiamme, incapace di governare e con ponte superiore in rovina pieno di morti e di feriti, il *Gloucester* fu anche abbandonato dal *Fiji*. Alle 17.15, dopo circa un'ora e mezzo dopo che era stato colpito, in seguito a una violenta esplosione determinatasi sottocoperta, l'incrociatore affondò capovolgendosi. Tra i caduti vi fu il comandante della nave, e della Forza B, capitano di vascello Henry Aubrey Rowley.

Mentre si svolgevano gli avvenimenti descritti, gli attacchi degli aerei dell'VIII Fliegerkorps avevano continuato a realizzarsi contro la Forza A1 e la Forza D, che navigavano di conserva. Le incursioni, che si svolsero ad intermittenza dalle 13.20 alle 15.10 non portarono a risultati concreti; poi, nel corso di ulteriori attacchi su vasta scala, che iniziarono alle ore 16.45, la corazzata *Valiant* fu colpita presso la torre X da due bombe di medio calibro, sganciate in quota dai Do. 17 del KG.2, ma non riportò gravi danni e neppure perdite di vite umane.

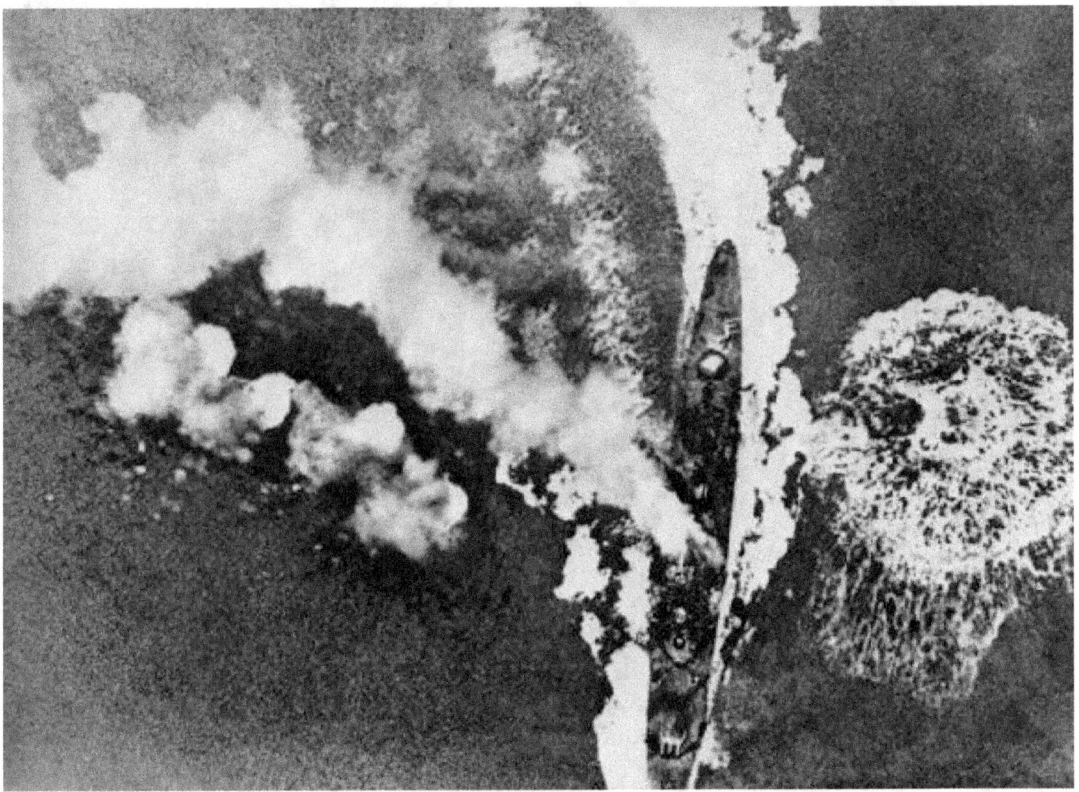

L'attacco all'incrociatore *Gloucester* ad opera degli Ju 87 del I./St.G.2.

Dopo il danneggiamento della *Valiant*, che si aggiungeva a quello molto più grave della *Warspite*, le due corazzate della Forza A1 e i quattro incrociatori della Forza D, scortati da otto cacciatorpediniere, avevano continuato ad incrociare per qualche tempo nella zona dell'affondamento del *Greyhound* e del *Gloucester*. Le unità della Forza D erano quasi prive di munizionamento contraereo, e pertanto, assieme a quelle della Forza A1 accostarono per ritirarsi in direzione sud-est, per uscire definitivamente dalla zona prossima all'Egeo. Ma le perdite non erano ancora finite.

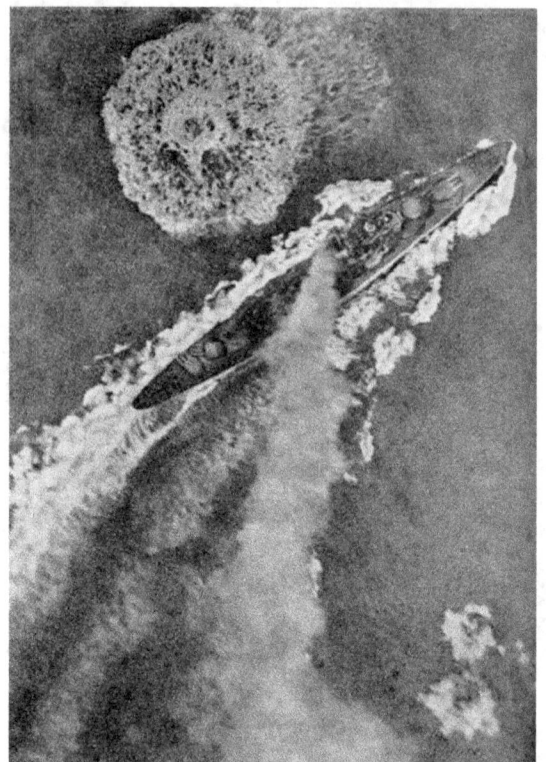 

A sinistra, altra immagine dell'attacco all'incrociatore *Gloucester*. A destra il comandante del I./St.G.1 cap. pil. Ernst Kupfer, nell'immagine con i gradi colonnello e, al collo la croce della onoreficienza della Ritterkreuz a cui avrebbe aggiunto le fronde di quercia.

L'incrociatore *Fiji*, che nel corso di quattro ore era scampato ad almeno venti attacchi da parte di velivoli Ju. 87 e Ju. 88, nel corso dei quali tre bombe cadute vicino alla scafo avevano causato danni e allagamenti alle sale macchine e caldaie, avendo consumato l'intera dotazione di munizionamento contraereo era costretto a dover sparare granate da esercizio. Navigando, con i cacciatorpediniere *Kandahar* e *Kingston* alla velocità di ventisette nodi, alle 18.45 fu attaccato da un isolato cacciabombardiere Bf. 109 del III./JG.77, che lo attaccò ad ovest dell'isola Gaudo. Il velivolo tedesco, pilotato dal tenente Wolf-Dietrich Huy, che al mattino aveva già colpito la corazzata *Warspite*, sbucando fuori dalle nubi e con profonda picchiata, sganciò la propria bomba da 250 chili che cadde sopra il reparto caldaie a prora dell'incrociatore. Il colpo fu tremendo. Il *Fiji*, modernissima unità di 8.000 tonnellate, aumentò rapidamente il proprio sbandamento a dritta fino a raggiungere i 30°, poi continuò ad inclinarsi e alle 20.15 si capovolse ed affondò con la perdita di 276 uomini dell'equipaggio incluso il comandante capitano di vascelloWilliam-Powlett. I 523 superstiti dell'incrociatore furono raccolti dai cacciatorpediniere *Kandahar*, *Kingston*, che si erano allontanati dopo che il *Fiji* era stato colpito, per poi tornare durante la notte nella zona dell'affondamento.

L'incrociatore *Fiji*. L'immagine è del naggio 1941.

22 maggio 1941. L'incrociatore *Fiji* sotto attacco aereo. Una salva di bombe cade di poppa sulla scia dell'incrociatore, che sarà poi affondato dal Bf. 109 dell'8./JG.77 del fenomenale tenente Wolf-Dietrich Huy.

Verso sera, avendo ricevuto dal Comandante della Mediterranean Fleet l'ordine di mandare due cacciatorpediniere ad imbarcare, a sud delle coste di Creta il Re Giorgio II di Grecia e il suo seguito, inclusi i membri del Governo, il contrammiraglio King vi destinò il *Decoy* e l'*Hero*, che poi, imbarcate quelle personalità, con un plotone di soldati britannici addetti alla protezione del sovrano, andarono ad inserirsi nello schermo protettivo delle navi da battaglia, per assicurare loro una maggiore protezione nel caso si fossero verificati altri attacchi aerei.

Durante la giornata del 22 maggio, nel duello tra la potenza aerea tedesca e la potenza navale britannica, non supportata dalla propria aviazione, la Royal Navy subì perdite molto gravi costituite dall'affondamento di due incrociatori (*Gloucester* e *Fiji*) e un cacciatorpediniere (*Greyhound*), e dal danneggiamento di due navi da battaglia (*Warspite* e *Valiant*) e tre incrociatori (*Naiad*, *Carlisle* e *Perth*), successo che i tedeschi realizzarono con la perdita di appena sei aerei: tre Ju. 88, due del I./LG.1 e uno del II./LG.1, e tre Ju 87, uno del I./St.G.2, e due del I./St.G.3 questi ultimi precipitati in fiamme per una collisione avvenuta in partenza dall'aeroporto di Argos. Alle perdite britanniche si aggiungeva poi quella del cacciatorpediniere *Juno* affondato dagli aerei italiani.

Il Re Giorgio di Grecia arrivato in Egitto saluta il plotone di soldati neozelandesi che a Creta erano stati incaricati della sua protezione, e che lo avevano attraverso l'isola, superando in tre giorni di marcia la zona montagnosa, fino alle spiagge meridionali, dove si imbarcarono. A destra del Sovrano e il sottotenente W.H. Ryan, comandante del plotone.

A sinistra, il duca Filippo Duca di Edimburgo durante la guerra. A destra, 20 novembre 1947, il suo matrimonio con la principassa Elisabetta, futura ed attuale regina d'Inghilterra. Il Duca Filippo all'epoca delle battaglie di Matapan e di Creta era imbarcato sulla corazzata *Valiant*.

***

L'ammiraglio Cunningham fu informato dell'affondamento degli incrociatori *Gloucester* e *Fiji* per mezzo di un messaggio *"urgentissimo"* pervenuto dal contrammiraglio King, alle ore 22.30 del 22 maggio, e in cui si forniva anche la situazione del carente munizionamento rimasto nei depositi delle navi da battaglia e dei cacciatorpediniere. Da questo messaggio, in cui la parola *"plenty"* (abbondante) era stata sostituita, per un banale errore dell'ufficio distribuzione dei messaggi, con la parola *"empty"* (vuoto) appariva che le corazzate avessero completamente esaurito le munizioni dei complessi contraerei pom-pom mentre, invece, ve ne erano ampie riserve; e per questo motivo il Comandante in Capo decise, con ordine trasmesso alle 04.08 del 23 maggio, di far rientrare tutte le forze in mare ad Alessandria, ad eccezione della nave trasporto per fanteria *Glenroy*, che con una modesta scorta era diretta a Creta con truppe e un carico di rifornimenti.

Nel frattempo però il contrammiraglio King aveva ordinato al capitano di vascelloLord Louis Mountbatten, cugino del Re d'Inghilterra, di recarsi, con i suoi cinque cacciatorpediniere della 5ª Flottiglia (*Kipling, Kelly, Kashmir, Kelvin* e *Jackal*), a svolgere un servizio di pattugliamento nell'interno delle baie di Kissamo e Canea, dove il *Kelly* e il *Kashmir* colpirono e incendiarono un motoveliero e bombardarono brevemente le posizioni tedesche dell'aeroporto di Maleme. Nello stesso tempo, nel corso di quella stessa notte tra il 22 e il 23 maggio, la Forza E del capitano di vascello Philip John Mack, costituita dai cacciatorpediniere della 14ª Flottiglia *Jervis, Ilex, Nizam* e *Havock*, pendolò al largo di Heraklion senza incontrare nulla, per poi ritirarsi al mattino per rientrare ad Alessandria.

Durante la rotta i cacciatorpediniere della Forza E furono sottoposti per cinque ore ad attacchi aerei saltuari. Iniziarono tre velivoli da bombardamento Do. 17 del KG.2 le cui bombe caddero distanti dai bersagli. Poi sopraggiunsero sei Ju. 88 del II./LG.1, uno dei quali fu segnalato abbattuto dall'*Ilex*, mentre una bomba, cadendo vicina all'*Havock* uccise sei uomini dell'equipaggio, e procurò alcuni danni al cacciatorpediniere. Altri danni, sempre per colpi vicino, riportò l'*Ilex*, che fu probabilmente attaccato dal tenente pilota Hans Sauer, che riferì di aver colpito un incrociatore con una bomba Infine, nell'ultimo attacco da parte di un isolato Do.17 una bomba cadde vicino al *Jervis*.

All'alba del 23 maggio quasi tutti i gruppi navali britannici si trovavano a sud di Creta e dirigevano per rientrare ad Alessandria. Proseguiva per l'isola, scortata dall'incrociatore contraereo *Coventry*, e dagli sloop *Aukland* e *Flamingo*, la nave trasporto truppe *Glenroy*, con 900 uomini del Reggimento Quen Royal da sbarcare a Tymbachi, mentre i cacciatorpediniere *Jaguar* e *Defender*, partiti da Alessandria, stavano dirigendo verso la baia di Suda, con un carico di munizioni richieste con urgenza dall'Esercito.

Il capitano di vascelloMountbatten stava manovrando per uscire dall'Egeo attraverso lo Stretto di Caso. I suoi tre cacciatorpediniere della 5ª Flottiglia *Kelly, Kashmir* e *Kipling*, procedevano alla massima forza con rotta a sud, quando a partire dalle prime luci dell'alba del 23 maggio furono localizzati da velivoli da ricognizione tedeschi. In base alla segnalazione, il Comando dell'Aeronautica italiana dell'Egeo fece decollare dalle basi di Rodi cinque aerosiluranti, due S. 79 tre S. 84, cinque bombardieri Cant. Z. 1007 bis, e sei caccia Cr. 42 che erano muniti di bombe alari da 100 chili e guidati nella loro rotta in mare aperto, per la ricerca dell'obiettivo, da un S. 84. Ma, il nemico che stava procedendo a velocità elevatissima, non fu trovato nella zona, a nord di Caso, segnalata dai ricognitori tedeschi.

Nel frattempo la Luftwaffe continuava a mantenere sotto controllo i cacciatorpediniere del comandante Mountbatten, che dopo essere scampati senza danno a due modesti attacchi aerei, trovandosi alle ore 07.55 a circa 13 miglia a sud dell'Isola Gaudo, videro arrivare una formazione di ventiquattro Ju. 87 del I./St.G.2, guidati dal comandante del gruppo capitano Hubertus Hitschhold. Questi velivoli, che provenienti da una base meridionale del Peloponneso si trovavano al limite massimo della loro autonomia, svolsero un attacco in picchiata dalla parte del sole, i cui effetti micidiali non tardarono a manifestarsi. Il *Kashmir* (capitano di fregata Henry Alexander King) fu colpito in pieno da una bomba, che esplose con effetti disastrosi al centro del cacciatorpediniere, determinandone l'affondamento in soli due minuti. Il *Kelly*, la nave di Mountbatten, che alla velocità di trenta nodi stava accostando a destra, raggiunto anch'esso da una grossa bomba cominciò ad inclinarsi con notevole abbrivio e, sbandando sul fianco sinistro sempre più rapidamente, finì per capovolgersi in breve tempo. Dopo essere rimasto a galla in quella posizione per circa mezz'ora, il cacciatorpediniere affondò nella stessa zona del *Kashmir*.

In formazione di pattuglie (Kette) gli Ju. 87 dello St.G.2 dirigono verso l'obiettivo assegnato.

La bella e slanciata sagoma del cacciatorpediniere *Kashmir*. Fu la prima nave ad essere affondata il 23 maggio dagli Ju 87 del I./St.G.2.

Il cacciatorpediniere *Kelli* in affondamento. Il comandante, capitano di vascello Louis Mountbatten, si allontana su una scialuppa con altri naufraghi.

Il *Kelly*, l'unità caposquadriglia della 5ª Squadriglia del capitano di vascelloLord Moumbatten, seguì poco dopo la sorte del *Kashmir*.

A sinistra il cap. pil. Hubertus Hitschold (nell'immagine con i gradi di generale) che il 23 maggio 1941 guidò gli Ju 87 del I./St.G.2 all'attacco dei cacciatorpediniere britannici della 5ª Flottiglia. A destra il comandante della 5ª Squadriglia capitano di vascelloLord Louis Mountbatten, cugino del Re d'Inghilterra, futuro Viceré dell'India, che portò all'indipendenza.

Subito dopo l'affondamento del *Kashmir* e del *Kelly*, che era costato al I./St.G.2 la perdita di un solo aereo, il *Kipling* (capitano di fregata Aubrey St. Clair Ford), l'unico cacciatorpediniere superstite, si avvicinò per raccogliere i superstiti delle due navi, e per tre ore continuò nelle ricerche sebbene fosse stato considerevolmente ostacolato nella sua opera di salvataggio da sei pesanti bombardamenti aerei, sviluppati da alta quota. In totale il *Kipling* raccolse 281 uomini, tra ufficiali e marinai, dei quali 153 del *Kashmir* e 128 del *Kelly*, incluso Mountbatten, Le perdite del *Kashmir* furono di 82 morti e 14 feriti e quelle del

Kelly di 130 morti e 17 feriti. Alle ore 11.00 del 23 il *Kipling* lasciò la zona del disastro, per dirigere verso Alessandria. Il suo comandante stimò di essere stato attaccato da alta quota, tra le 08.20 e le 13.00, da non meno di 40 velivoli. Furono contate almeno 83 bombe dirette contro il cacciatorpediniere, che uscito illeso da quell'inferno, arrivo ad Alessandria senza combustibile, e per entrare in porto dovette essere preso a rimorchio dal posareti *Protecacciatorpediniereor*.

Negli attacchi del 22 e 23 maggio l'VIII Fliegerkorps perse nel settore di Creta, per abbattimento o incidenti, quattordici aerei: tre bombardieri Ju. 88 (due del I./LG.1 e uno del II./LG.1), sette bombardieri in picchiata Ju. 87, tre distruttori Bf. 110 e un caccia Bf. 109.

Dopo la serie dei successi conseguiti nel corso di quelle prime operazioni il generale von Richthofen, scrisse nel suo diario di guerra che il risultato ottenuto negli attacchi aerei senza tregua era stato spettacolare conseguendo *"un successo decisivo"*. E aggiunse: *"Abbiamo finalmente dimostrato che una flotta non è capace di operare entro il raggio d'azione della Luftwaffe, quando il tempo permette di volare"*.[45]

L'arrivo ad Alessandria del cacciatorpediniere britannico *Kipling* con i naufraghi del *Kelly* e del *Kashmir*.

Ma i risultati conseguiti dall'arma aerea germanica nella giornata del 23 maggio non erano finiti, perché nel corso delle ore diurne i cacciabombardieri e i bombardieri in picchiata, attaccando con grande determinazione si susseguirono, simili a sciami di vespe, sul naviglio presente nella baia di Suda, eliminando tutto quello che ancora stava a galla.

---

[45] C. Bekker, *Luftwaffe*, p. 291 e p. 293.

Particolare accanimento fu rivolto contro le cinque motosiluranti della 10ª Flottiglia (*MTB 67, 213, 214, 216* e *217*), rimaste isolate a Suda, che furono tutte distrutte. In questa caccia all'anatra si distinsero i cacciabombardieri Bf. 109 del Gruppo II./JG.77 (capitano Pilota Helmut Henz), che si accreditarono l'affondamento di almeno tre motosiluranti, i distruttori Bf. 110 del I./ZG.26 (capitano Herbert Kaminski), mentre i bombardieri in picchiata Ju. 87 del I./St.G.77 (capitano pilota Helmut Bruck), si dedicarono ad attaccare il naviglio più grosso che si trovava nella rada.

Un certo contributo nello svolgersi delle incursioni contro Creta fu dato anche dai velivoli dell'Aeronautica italiana dell'Egeo, che il mattino del 23 maggio inviò all'attacco nove bombardieri (quattro Cant Z. 1007 bis, tre S. 84 e due S. 79, rispettivamente del 50°, 41° e 52° Gruppo) e 12 caccia Cr. 42 della 162ª Squadriglia armati con bombe alari da 100 chili. Tutti questi velivoli, ripartiti in cinque formazioni, andarono a bombardare Ieropetra, sulla costa meridionale di Creta, obiettivo indicato come *"molto importante"* dal Comando Aereo tedesco.

Nell'immagine, ripresa in Russia, il capitano Helmuth Mahlke, comandante del III./St.G.1 ed insignito della croce di cavaliere con fronde di quercia, conversa con il generale Wolfram Freiherr von Richthofen, comandante dell'VIII Fliegerkorps.

I bombardamenti che si stavano sviluppando sugli obiettivi di Creta, senza che da parte britannica vi fosse stata la possibilità di contrasto con aerei da caccia, stavano mettendo in ginocchio lo spirito di resistenza dei difensori. L'unico sostegno dall'aria continuamente sollecitato al Cairo dal generale Freyberg, in un momento in cui la situazione a terra appariva critica per le sue truppe, arrivò dai velivoli del 204° Gruppo della RAF (commodoro dell'aria Raymond Collishaw), che impiego contro gli obiettivi dell'aeroporto di Maleme nove bombardieri Blenheim degli Squadron 14° e 45°, nove Maryland del 24° Squadron sudafricano, e tre caccia Hurricane del 274° Squadron con serbatoi supplementari, tutti dotati di bombe esplosive e a frammentazione.

Alle incursioni di questi velivoli di base in Egitto, non tutti arrivati sull'obiettivo, si aggiunsero, provenienti da Malta, quelle di due caccia a lungo raggio Beaufighter del 252° Squadron del maggiore R.G.Yaxley, che attaccando a volo radente effettuarono sull'aeroporto di Maleme un micidiale mitragliamento contro i velivoli da trasporto tedeschi al suolo, distruggendo cinque Ju. 52 dei gruppi KGrzbV 106 e I./LLG 1. Da parte britannica, per l'intercettazione di quattro Bf. 109 del III./JG.77 decollati dall'aeroporto di Spelia, fu abbattuto un Blenheim del 45° Squadron.

Una formazione di bombardieri Blenheim IV del 14° Squadron della RAF, decollata da una base egiziana, dirige verso l'obiettivo assegnato da attaccare.

Il caccia a lungo raggio Beaufighter del 272° Squadron della RAF a Idku, in Egitto. Fu con questi eccezionali velivoli che al reparto del maggiore Yaxley era già stato possibile, prima di Maleme, di realizzare, nel medesimo mese di maggio, micidiali attacchi contro gli aeroporti dell'Asse in Sicilia e in Grecia.

Il maggiore (quì coi gradi di colonnello) Yaxley, Cacciatorpedinieree il 272° Squadron, che il 23 maggio con i suoi Beaufighter realizzò un micidiale attacco sull'aeroporto di Maleme.

Per concludere la descrizione degli avvenimenti verificatisi nella giornata del 23 maggio, occorre dire che l'ammiraglio Cunningham rimase particolarmente all'armato degli attacchi aerei che si stavano susseguendo a Creta; ragion per cui, dopo essersi consultato con il generale Wavell, alle 11.27 ordinò al trasporto truppe per fanteria *Glenroy* e alla sua scorta di invertire la rotta e rientrare ad Alessandria. Proseguirono la navigazione per Suda il posamine veloce *Abdiel* trasportando munizioni e materiali per l'Esercito, e duecento uomini delle Forze Speciali (Layforce), e i cacciatorpediniere *Jaguar* e *Defender*, anch'essi trasportanti munizioni. Queste tre navi sbarcarono gli uomini e il carico nella notte tra il 23 e il 24 maggio, per poi riprendere la rotta per ritornare ad Alessandria, passando indisturbati attraverso lo stretto di Caso.

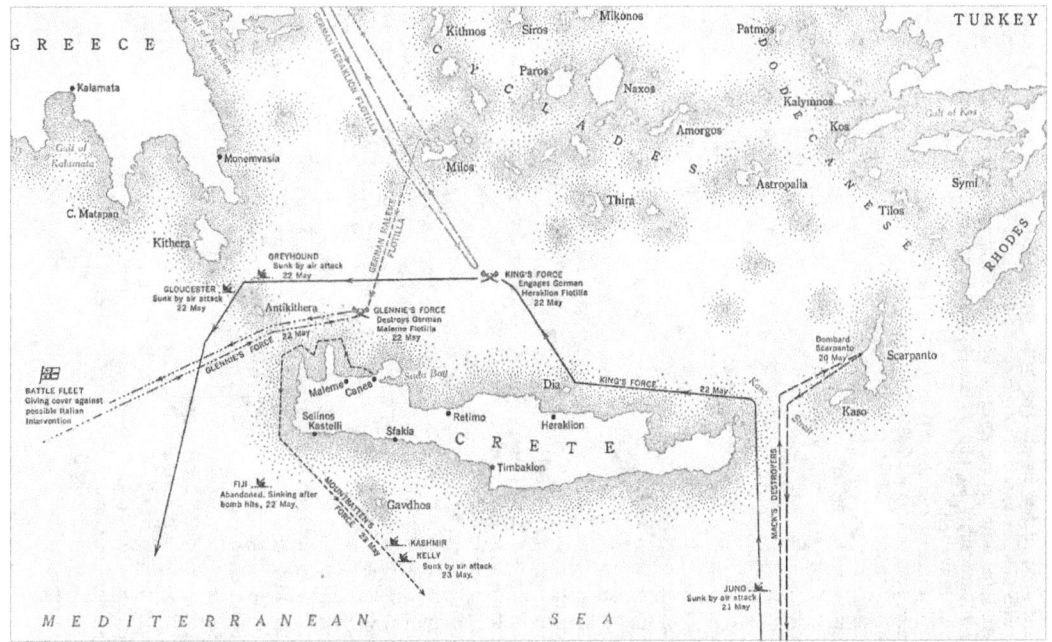

Le rotte seguite dalle Divisione navali della Mediterranean Fleet nei giorni 21 e 22 maggio 1941. Carta da G. Hermon Gill, *Royal Australian Navy 1939-1942*, pag. 347.

Le operazioni aeronavali del 24 e 25 maggio.

In seguito ad indizi indicanti la possibilità che uno sbarco nemico si realizzasse a Sitia, sulla costa settentrionale di Creta, durante la notte tra il 24 e il 25 maggio l'ammiraglio Cunningham inviò in mare una formazione navale comprendente gli incrociatori *Ajax* (capitano di vascello Edwatd Desmond Bewley McCarty) e *Dido* e i cacciatorpediniere *Kimberley, Imperial* e *Hotspur*. Questa piccola squadra salpò da Alessandria alle 08.00 del 24, con l'ordine di passate per lo stretto di Caso e operare sulla costa settentrionale di Creta durante la notte sul 25. Se nulla di quanto temuto si fosse verificato le cinque navi, prima di ritirarsi, dovevano bombardare l'aeroporto di Maleme. Avendo perso molto tempo nel rastrellare inutilmente quella zona di mare alla ricerca delle navi nemiche, con l'alba che si stava avvicinando il comandante dell'*Ajax* ordinò la rotta del ritorno senza effettuare il bombardamento di Maleme.

Nel frattempo la situazione terrestre a Creta stava diventando sempre più difficile per le truppe britanniche. I tedeschi, avendo cambiato i loro piani tattici, trasportando a Maleme per via aerea truppe alpine di rinforzo. Si ebbe poi un pesantissimo e distruttivo attacco su La Canea appoggiato dalla Luftwaffe, le cui azioni offensive, dopo il rientro in Egitto dei caccia Hurricane del 73° Squadron della R.A.F, potevano essere fronteggiate soltanto dall'artiglieria contraerea..

Per superare lo stato di crisi, determinato anche dalla distruzione dei motovelieri dei convogli delle torpediniere *Lupo* e *Sagittario*, si rese necessario inviare a Creta i rinforzi per via aerea. Nelle due immagini alpini della 5ª Divisione si apprestano ad imbarcarsi su un aeroporto della Grecia su velivoli da trasporto Ju 52.

Un eloquente immagine della violenza del bombardamento della Baia di Suda durante operazione "Merkur" da parte degli Ju 87 dell'VIII Fliegerkorps.

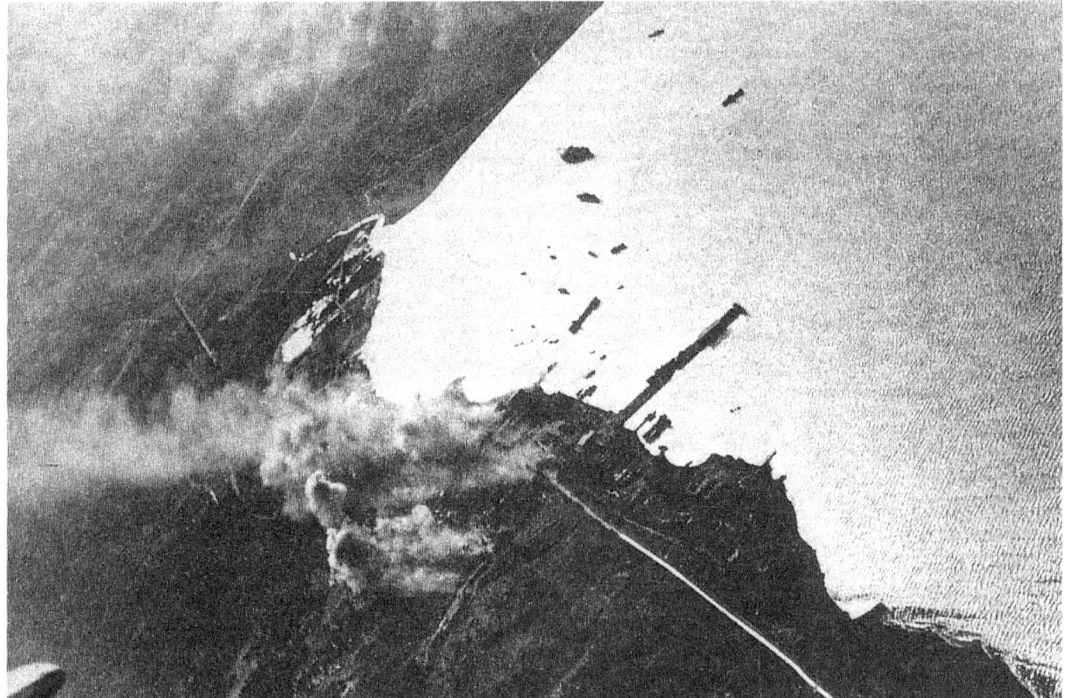

Installazioni della Baia di Suda in fiamme per l'attacco degli aerei tedeschi, che raggiunse il massimo dell'intensità nei giorni 23 e 24 maggio, quando furono eliminate tutte le restanti navi britanniche che si trovavano nell'ancoraggio, incluso l'incrociatore *York* e cinque motosiluranti. Inoltre, il sommergibile *Rover*, che si trovava vicino all'incrociatore per fornirgli energia elettrica, riportò gravi danni.

Il sommergibile britannico *Rover*.

Nella zona di Heraklion, ove il mattino del 24 furono paracadutati cinquecento uomini, i britannici opponevano ancora un'accanita resistenza, mentre ai Greci, che difendevano questo settore, cominciavano a scarseggiare le munizioni. Lo stesso problema stava accadendo per la difesa contraerea di Suda, e ne conseguì che, in una serie impressionante di attacchi aerei, a cui praticamente vennero impegnati quasi tutti i gruppi d'impiego dell'VIII Fliegerkorps, le perdite e i danni di naviglio nel porto causate furono considerevoli e in particolare riguardarono l'immobilizzato incrociatore *York*. Avendo continuato ad appoggiare le truppe con i suoi cannoni da 203 mm, lo *York* ricevette il colpo di grazia nel corso di un bombardamento effettuato dal tre Ju. 88 della 3ª Squadriglia del I./LG.1 (capitano pilota Bergen Horst). Colpito in pieno da tre bombe, fu abbandonato e poi fatto saltare dall'equipaggio, per non farlo catturare dai tedeschi, che stavano avanzando verso la baia di Suda

Negli attacchi del 24 maggio la Luftwaffe perse sette velivoli: un Do. 17 dello Stab/I./St.G.2, due Ju. 88 del II./LG.1, tre Ju. 87 del I./St.G.2 e un Bf. 110 del II./ZG.26, quest'ultimo abbattuto in mare aperto dalla motolancia britannica *ML 1011*, che aveva lasciato Suda nella notte del 23. Si aggiunsero parecchie distruzioni di aerei Ju. 52 trasportanti truppe, per incidenti avvenuti nell'aeroporto di Maleme durante gli atterraggi. Il Gruppo KGrzb V 1 perse dieci aerei, il I/LLG 1 sette e il KGrzb V 102 altri sei. Uno Ju. 52 del KGrzb V 102 era stato distrutto, sempre a Maleme, nell'attacco notturno di tre bombardieri Wellington del 38° Squadron della RAF decollati dall'Egitto, mentre l'incursione di una formazione di sei Wellington del 37° Squadron sullo stesso obiettivo, avvenuta sotto il forte contrasto dall'artiglieria contraerea germanica, si risolse in un vero disastro, dal momento che non rientrarono alla base tre velivoli britannici.

Da parte italiana l'Aeronautica dell'Egeo batté gli obiettivi di Castelli, Mokkos, Ieropetra e Arkalokoui con cinque S. 79, quattro S. 84 e tre Cant. Z. 1007 bis dei gruppi bombardamento terrestre 92°, 41° e 50°, mentre dodici Cr. 42 della 162ª Squadriglia Autonoma Caccia furono impiegati per mitragliare truppe. Altri sette bombardieri S. 84 del 41° Gruppo B e nove caccia Cr 42 della 162ª Squadriglia non poterono effettuare le azioni, per le avverse condizioni del tempo. Uno dei Cr. 42, pilotato dal sergente maggiore Guglielmo Mari, non rientrò alla base.

Era il secondo velivolo dell'Aeronautica dell'Egeo a perdersi dall'inizio dell'operazione Merkur, dopo un S. 79 del 92° Gruppo B.T. che, il 22 maggio, era precipitato in mare per un guasto verificatosi subito dopo il decollo per un volo di ricognizione, determinato la morte di due uomini, tra cui il pilota tenente Giuseppe Caloro. Altri due bombardieri S. 84 del 41° Gruppo, con capi equipaggio i tenenti Buzzacca e Lecconi, non sarebbero rientrati alla base l'indomani, giorno 25, da una missione di ricognizione offensiva perché, rimasti senza benzina, furono costretti ad atterrare sulla costa turca dell'Anatolia, venendo internati.

Ore 09.30 del 24 maggio, Il bombardamento di Ieropetra da parte degli S. 84 della 204ª Squadriglia del 41° Gruppo Autonomo Bombardamento Terrestre dell'aeronautica dell'Egeo

Il medesimo obiettivo battuto l'indomani, 25 maggio, dai Cant. Z. 1007 bis della 210 Squadriglia del 50° Gruppo Bombardamento Terrestre.

In compenso il 26 maggio, in seguito a un ordine del generale Cavallero, impartito al generale Pricolo per venire incontro alle richieste di rinforzi aerei avanzate dal generale Bastico a Stamage, arrivò a Rodi, proveniente da Brindisi, un primo rinforzo di sei bombardieri Cant. Z. 1007 bis della 231ª Squadriglia del 95° Gruppo, che si dislocò sull'aeroporto di Maritza al comando del cap. pil. Mario Casci Ceccacci. I velivoli di questo reparto andarono a rinforzare il 41° Gruppo B.T., mentre gli equipaggi ebbero l'ordine di rientrare in Italia.[46]

Nella notte sul 24 – 25 maggio, con un'offensiva appoggiata violentemente dalla Luftwaffe, i reparti tedeschi, dopo essere stati più volte respinti, sfondarono la nuova linea di difesa britannica sul settore Maleme - Canea, mettendo in crisi l'intero schieramento della difesa di Creta. Nel frattempo, le informazioni crittografiche Ultra, avevano portato i Comandi britannici del Medio Oriente alla constatazione che l'aeroporto Cattavia, nel Dodecaneso, era intensamente usato dal nemico per i suoi attacchi contro Creta.[47] In effetti, il 24 maggio una cinquantina di aerei tedeschi si erano trasferiti dagli aeroporti della Grecia a Cattavia, rendendo problematica l'attività navale inglese di rifornimento e di appoggio nel tratto di Mare tra Alessandria e Creta. Nel contempo a in Cirenaica, si stava registrando una pericolosa attività sul mare da parte dei velivoli da bombardamento in picchiata del Fliegerführer Africa.

Infatti, quello stesso giorno 24 una formazione di 12 Ju. 87 del II./St.G. 2 (maggiore pilota Walter Enneccerus) aveva affondato il drifter britannico *Aurora II*, che si trovava in pattugliamento al largo di Tobruk. Nel pomeriggio dell'indomani, dopo un'azione di 7 Ju. 87 italiani della 239ª Squadriglia Bombardamento a Tuffo (capitano pilota Giuseppe Cenni) che non portò a risultati concreti contro un piccolo convoglio salpato da Alessandria e diretto a Tobruk, altri venticinque Stuka tedeschi, stavolta del I./St.G.1 (capitano pilota Paul-Werner Hozzel), piombarono sul medesimo obiettivo. Nell'azione, che si svolse a 40 miglia a levante di Tobruch, i velivoli tedeschi affondarono la petroliera *Helka* e lo sloop *Grimsby*. Era solo un prologo, perché nella giornata del 26 maggio i bombardieri in picchiata del Fligerführer Africa avrebbero fatto alla Mediterranean Fleet danni molto maggiori.

---

[46] ASMAUS, *Diario Storico del Comando Aeronautica Egeo 1941*.
[47] A.B. Cunningham, "The Battle of Crete", *Supplement to The London Gazette* n. 38296; National Archives, *Battle Summary N. 4*.

Velivoli Ju 87 italiani della 239ª Squadriglia B. a T. che, scortati da caccia Mc. 200, attaccarono lo sloop *Aukland* sensa riuscire a colpirlo.

Lo stato di affondamento dello sloop *Grimsby*, con gli uomini che abbandonano la nave, mentre sulla destra della foto la petroliera *Helka* si sta già inabissando di prora sollevando la poppa. Un buon successo per gli Ju 87 del I./St.G.1.

Per attaccare l'aeroporto di Scarpano, e naturalmente anche per dimostrare all'impaziente Ammiragliato britannico che la Flotta del Mediterraneo continuava ad impegnarsi con determinazione per la difesa di Creta, l'ammiraglio Cunningham impiegò una forza navale che per la prima volta, dall'inizio delle operazioni, comprendeva la portaerei *Formidabile* con 13 Fulmar degli Squadron 803° e 806°, uno dei quali non in piena efficienza. A essi si aggiungevano, come forze di attacco, 7 Albacore e 8 Swordfish degli Squadron 826° e 829°. L'operazione fu denominata in codice M.A.Q. 3, e l'incarico di portarla a buon fine fu assegnato al Comandante la 1ª Squadra da Battaglia, vice ammiraglio Pridham-Wippell. Questi uscì da Alessandria alle 12.00 del 25 maggio con le corazzate *Queen Elizabeth* e *Barham*, la *Formidabile* e 8 cacciatorpediniere, e fu poi raggiunto dagli incrociatori *Ajax* e *Dido* e i cacciatorpediniere *Napier*, *Kelvin* e *Jackal*, che si trovavano in mare a sud di Creta.

Nel frattempo, nel corso della giornata del 25 maggio, la RAF effettuò dall'Egitto diverse incursioni sugli obiettivi aeroportuali dell'Egeo e di Creta, impiegandovi 34 bombardieri, e perdendo tre Blenheim del 21° Squadron, un Maryland e un caccia Hurricane abbattuti a Maleme dai Bf. 109 del II./JG.77, che a loro volta persero il velivolo dal comandante del Gruppo capitano Helmut Henz.

Una formazione di bombardieri leggeri della R.A.F. del tipo Blenheim IV in volo sul Mediterraneo.

Il *Mas 539* in navigazione nell'Egeo a grande velocità. Erano una delle sette unità italiane che per prime entrarono nella Baia di Suda, ormai controllata dalle truppe tedesche.

Da parte tedesca si continuava ad attaccare dal cielo tutto quello che navigava, a volte senza distinguere gli amici dai nemici. Nel pomeriggio del 25 maggio un velivolo, ritenuto

Do. 215, diresse contro i Mas italiani della 13ª Squadriglia *538* e *539* che, al comando del tenente di vascello Marc'Antonio Bragadin, erano salpati dal Pireo con trentatré paracadutisti tedeschi, destinati a svolgere opera di sabotaggio sulle isole Falconera, Kavari e Belobulo. L'attacco si svolse a 5 miglia a sud di Guidare, con i Mas che, senza rispondere al fuoco, tentarono inutilmente di richiamare l'attenzione dell'equipaggio tedesco. Il velivolo, in due passaggi, sganciò di una decina di bombe, in parte cadute a una cinquantina di metri di prora a sinistra del *Mas 538* che, fortunatamente, non riportò alcun danno. La missione di sabotaggio poté quindi continuare con l'inutile distruzione del faro di Falconera, poiché il nemico aveva già evacuato l'isola.

Alle operazioni aeree della giornata del 25 l'Aeronautica italiana dell'Egeo fornì il suo contributo – che poi era il massimo consentitogli dalla modestia e logorio dei mezzi a disposizione nel Dodecaneso – attaccando al mattino gli obiettivi di Ieropetra, con 3 S. 84, 2 S. 79, 3 Cant. Z. 1007 bis dei gruppi da bombardamento 41°, 90° e 50°, e 5 Cr. 42 della 162ª Squadriglia Caccia Terrestre, questi ultimi armati con bombe alari.

Le condizioni di due relitti di navi da guerra trovate dalle prime navi italiane che raggiunsero la Baia di Suda. In primo piano il cacciatorpediniere greco *Leon* e dietro la ben più grande sagoma dell'incrociatore britannico *York*

Il bombardamento di Scarpanto e il danneggiamento della portaerei Formidable.

Alle 03.30 del 26 maggio la Forza A del vice ammiraglio Pridham-Wippell, con le navi da battaglia *Queeen Elizabeth* e *Barham*, la nave portaerei *Formidabile* e i cacciatorpediniere *Jervis*, *Janus*, *Kandahar*, *Nubian*, *Hasty*, *Hereward*, *Voyager* e *Vendetta*, si trovava, a 100 miglia a sud-sudest di Scarpanto, è stava per essere raggiunta dal gruppo formato dagli incrociatori *Ajax* e *Dido* e i cacciatorpediniere *Napier*, *Kelvin* e *Jackal*. Dirigevano per Creta, partiti da Alessandria durante la notte, il posamine veloce *Abdiel* con i cacciatorpediniere *Hero* e *Nizam*, diretti a Suda trasportando 750 soldati del generale R.E. Leycock e 100 tonnellate di munizioni, e il trasporto per fanteria *Glenroy*, scortato dall'incrociatore contraereo *Coventry* e dai cacciatorpediniere *Stuart* e *Jaguar*, in rotta per Tymbaki trasportando le truppe di un battaglione del Reggimento Queen.

Dopo un briefing che si tenne sulla *Formidabile*, per discutere nei dettagli del piano operativo e le modalità della missione per l'attacco all'aeroporto di Scarpanto, tra le 05.00 e le 06.00 decollarono dalla nave portaerei sei Albacore dell'826° Squadron e quattro caccia Fulmar dell'803° Squadron, i primi al comando del capitano di corvetta Gerald Saunt, i secondi del tenente di vascello J.M. Bruen. Sulla *Formidabile*, comandata dal capitano di vascello Arthur William La Touche Bisset, alzava l'insegna il contrammiraglio Dennis William Boyd, Comandante delle portaerei della Mediterranean Fleet.

Inizialmente dovevano partecipare all'azione contro Scarpanto 8 Albacore, ma due non furono in grado di decollare, ed altri due rientrarono sulla *Formidable* subito dopo la partenza per disturbi tecnici. Pertanto proseguirono nella loro rotta solo 4 Albacore. Nel raggiungere l'obiettivo trovarono, come unico disturbo, un Cr 42 italiano della 162ª Squadriglia Caccia, in crociera di vigilanza, che fu tenuto lontano dai Fulmar. Gli Albacore, pertanto, agirono realizzando la sorpresa, e gli equipaggi, attaccando la zona dell'aeroporto in cui si trovavano parcheggiati gli Ju. 87 tedeschi e i Cr 42 italiani, affermarono di aver distrutto con le bombe e il mitragliamento due velivoli e di averne danneggiati altri due. In realtà conseguirono qualcosa di diverso, distruggendo un solo Ju. 87 del III./St.G.2, ma danneggiando ben 8 velivoli, dei quali un altro Ju. 87 tedesco, un S. 81 italiano e 6 Cr. 42, tutti colpiti da schegge e proiettili. Un armiere germanico restò ucciso.[48]

L'ondata d'attacco rientrò sulla *Formidabile* alle 07.00, ma nel frattempo si era messo in moto il meccanismo di reazione delle forze aeree dell'Asse che subito mandarono in volo, alla ricerca della formazione navale britannica, gli aerei da ricognizione, poi seguiti, dopo i primi avvistamenti, dai velivoli da bombardamento. Gli scarsi risultati conseguiti nell'azione della portaerei, e soprattutto gli avvenimenti che seguirono, spiacevoli per la Mediterranean Fleet, fanno riflettere. Infatti, è lecito chiederci se vi fosse stata sufficiente ponderazione da parte dell'ammiraglio Cunningam, nel decidere di inviare in mare la sua unica portaerei per attaccare Scarpanto, soprattutto in considerazione delle condizioni di

---

[48] ASMAUS, *Diario Storico del Comando Aeronautica Egeo 1941*. In relazione ai danni riportati a Scarpanto, e per poter disporre nel Dodecaneso di una più efficace protezione aerea, alle 08.30 di quello stesso giorno 26 maggio il generale Bastico, con il messaggio A/01293, chiese al Comando Supremo di poter ricevere un squadriglia di velivoli da caccia Mc. 200, che erano di caratteristiche più moderne e veloci dei suoi Cr 42. La richiesta, nella guerra al risparmio degli italiani, non fu accolta.

La corazzata britannica *Queen Elizabeth* nave comando del vice ammiraglio Pridham Wippell, Comandante in seconda della Mediterranean Fleet.

scarsità di forze aeree in cui egli in quel momento si trovava per sostenere le operazioni della propria flotta.

Occorre dire che, nel contrasto agli aerei dell'Asse, gli otto Fulmar della *Formidabile* ancora efficienti s'impegnarono in ogni occasione. Durante la mattinata i radar delle navi mostrarono continuamente aerei nemici in volo, e fino al primo pomeriggio i caccia Fulmar, perdendo un solo velivolo dell'803° Squadron, svolsero ventiquattro missioni, ingaggiandoli in continuazione e abbattendo due bombardieri, uno Ju. 88 del II./LG.1 e un He. 111 del II./KG.26.

Caccia Fulmar dell' 803° Squadron sono pronti al decollo sulla portaerei *Formidable*.

I Farey Albacore della *Formidable* iniziano il decollo.

Ma questi incoraggianti episodi era soltanto un prologo perché alle 13.20 del 26 maggio si verificò per la Mediterranean Fleet un'altra dura punizione, episodio che per i tedeschi si svolse in modo inaspettato. Per attaccare un convoglio, segnalato alle ore 10.15 da un ricognitore del Fliegerführer Africa, decollarono da un aeroporto della Cirenaica trenta velivoli Ju. 87 del 2° Gruppo del 2° Stormo Stuka (II./St.G.2), scortati dai Bf. 109 del 1° Gruppo del 27° stormo Caccia (I./JG.27). Essi furono seguiti da un'altra formazione di quattordici velivoli da bombardamento in quota della 5ª Squadra Aerea, consistente in cinque S. 79 del 27° Gruppo (capitano Eduardo Molinari) e nove Br. 20 del 98° Gruppo (tenente colonnello Ivo De Vittembeschi), scortati da otto caccia Cr. 42 della 83ª Squadriglia del 18° Gruppo (capitano Felice Terracciano).

I 30 Ju. 87 erano al comando del magg. Walter Enneccerus, che già l'11 e 12 gennaio 1941 aveva guidato i velivoli del suo Gruppo nelle azioni che portarono al

Gli Ju 87 della 4ª Squadriglia del II.//St.G.2, decollati da Gambut, superano la coste della Cirenaica spingendosi in mare aperto.

grave danneggiamento della portaerei *Illustriuous* e all'affondamento dell'incrociatore *Southampton*. Gli Stuka, anziché trovare il convoglio, avvistarono la Forza A a 90 miglia a nord di Bardia e a 150 miglia a sud di Caso, ed iniziarono l'attacco con le tre squadriglie

4ª, 5ª e 6ª, che erano rispettivamente comandate da tenenti Eberhard Jakob, Bernard Hamester e Fritz Eyer. La forza navale britannica era in allarme, poiché la grossa formazione di bombardieri in picchiata era stata segnalata dai radar alle 13.20, poco prima che iniziasse l'attacco, al quale le navi risposero con un fortissimo fuoco di sbarramento contraereo e con rapide accostate di emergenza, per evitare di costituire un bersaglio fisso.

Un Bf. 109 del I./JG.27 del Fliegerführer Africa in volo sul Mediterraneo con la mimetizzazione desertica del 1941.

Mentre due caccia Fulmar dell'806° Squadron stavano decollando dalla *Formidable*, il bombardamento a tuffo fu iniziato dal maggiore Enneccerus che prese a bersaglio la portaerei centrandola in pieno, con la sua bomba, che mise fuori uso una torre di cannoni da 114 mm. L'esplosione della bomba squarciò la fiancata destra della portaerei proprio sotto la parte prodiera della sovrastruttura, Otto piloti seguirono Enneccerus sullo stesso bersaglio, che fu colpito sul ponte di volo da un'altra bomba esplosa in profondità e dando origine ad un incendio sul lato dritto verso prora, mentre il telegrafo e il dispositivo di acceleramento furono messi fuori servizio. I restanti Ju. 87 del II./St.G.2 diressero in parte contro le corazzate e in parte contro i cacciatorpediniere della scorta, uno dei quali, il *Nubian*, venne raggiunto da una bomba, la cui esplosione, asportandogli l'intera parte poppiera, uccise quindici uomini e ne ferì altri sei. Da parte tedesca fu abbattuto, probabilmente da due Fulmar dell'806° Squadron, uno Ju. 87 della 5ª Squadriglia del II./St.G.2.

I danni sulla *Formidabile* erano gravi, ma in breve l'incendio fu messo sotto controllo, e le paratie stagne permisero di isolare il resto dello scafo da ben sette compartimenti che si erano allagati attraverso la grande falla apertasi sulla fiancata. La catapulta per i decolli rapidi era fuori servizio, ma la portaerei fu in grado di usare il ponte di volo, e alle 18.00 la *Formidable* fece decollare due Fulmar che continuarono ad vigilare fino all'imbrunire, dopo di che si staccò dalla Forza A, scortata dai quattro cacciatorpediniere *Voyager*, *Vendetta*, *Hereward* e *Decoy*, per dirigere a buona andatura per Alessandria arrivandovi all'alba del 27 maggio.

La portaerei *Formidabile*, che il 26 maggio dopo aver attaccato con i suoi velivoli Albacore gli aeroporti dell'isola di Rodi, fu gravemente danneggiata dagli Ju 87 del II./St.G. 2, appartenenti al Fliegerführer Afrika e decollati da un aeroporto della Cirenaica. A poppa velivoli Swordfish pronti al decollo.

Due dei comandanti delle formazioni che parteciparono all'attacco della *Illustrious*. Da sinistra, il maggiore Walter Enneccerus, comandante del gruppo II./St.G.2, e il capitano Berhard Hamester, comandante della squadriglia 5./St.G.2.

Il momento in cui la portaerei *Formidable* fu colpita da due bombe sganciate dagli Stuka del maggiore Enneccerus.

La *Formidable* in fiamme.

Il cacciatorpediniere *Nubian* che nell'attacco degli Ju. 87 del II./St.G.2 riportò gravi danni.

Anche il cacciatorpediniere *Nubian*, che era in grado di sostenere una velocità di venti nodi, ebbe libertà di manovra per rientrare ad Alessandria, scortato dal *Jackal*. Ma prima dovette sopportare l'attacco degli aerei italiani della 5ª Squadra Aerea, che arrivarono sulla Forza A subito dopo la formazione degli Stuka del II./St.G.2. Tuttavia l'ondata d'attacco si era molto ridotta perché, a causa della autonomia insufficiente dei caccia di scorta Cr 42 del 18° Gruppo, i bombardieri Br 20 del 98° Gruppo, furono costretti ad invertire la rotta per rientrare alla base. Proseguirono, invece, nella ricerca del convoglio i cinque S. 79 del 27° Gruppo, del capitano Molinari. Giunti, alle 13.35 del 26 maggio i bombardieri avvistarono, anziché il convoglio ricercato, una formazione navale, che apparve costituita da una nave portaerei, una corazzata, tre incrociatori e sette cacciatorpediniere e alcuni supposti piroscafi. Quelle navi dirigevano con rotta 120° alla velocità stimata di 12-15 miglia. Gli equipaggi degli S. 79 videro gli Stuka tedeschi in azione contro le unità britanniche, e subito dopo attaccarono in volo orizzontale sganciando quaranta bombe da 100 chili, da una quota di 3.500 metri. Gli equipaggi ritennero di aver colpito due navi, mentre in realtà, una ventina di bombe caddero pressi dei cacciatorpediniere *Nubian* e *Jervis*, ma senza procurare danni.

Sezione di S. 79 del 27° Gruppo dell' 8° Stormo Bombardamento Terrestre, che realizzò l'attacco contro il *Nubian*.

L'immagine, scattata alle 13.30 del 26 maggio da un Cr. 42 della 18ª Squadriglia Caccia della 5ª Squadra Aerea, che scortava una formazione di cinque bombardieri S. 79 del 27° Gruppo, mostra il bombardamento del cacciatorpediniere *Nubian*, mancante della poppa distrutta nell'attacco degli Ju. 87 del II./St.G.2. Sebbene la salva degli S. 79 fosse stata molto allungata rispetto all'obiettivo si vede chiaramente che una bomba all'estremità meridionale era caduta presso la poppa del *Nubian*, equesto può aver contribuito ai gravi danni riportati dal cacciatorpediniere.

Le operazioni dei reparti della 5ª Squadra Aerea contro le navi britanniche si conclusero con l'attacco di un S. 79 della 279ª Squadriglia Aerosiluranti, decollato da Bengasi con capo equipaggio il tenente pilota Mario Frongia, che attaccò senza esito il trasporto truppe fanteria *Glenroy* diretto a Creta, scortato dall'incrociatore contraereo *Coventry* e dai cacciatorpediniere *Stuart* e *Jaguar*.

Anche questa formazione, che si trovava a 90 miglia a nordovest dalla Forza A, era stata individuata nel corso della mattinata del 26 da alcuni velivoli tedeschi Ju. 88 del I./LG.1 in missione di ricognizione armata, che alle 18.20 effettuarono i loro attacchi proprio sul *Glenroy* (capitano di vascello James Francis Paget) che aveva riportato leggeri danni e 11 feriti, a causa di bombe cadute in prossimità dello scafo e per mitragliamento. Tre dei suoi mezzi da sbarco furono forati e un grosso deposito di benzina in fusti stivato nel ponte di coperta prese fuoco, e per domarlo ci volle un'ora e mezzo, trascorsi con apprensione dagli ottocento soldati che aveva a bordo, con la nave che dirigeva verso sud per avere il vento di poppa. Spento l'incendio, e avendo gettato in mare uno dei mezzi da sbarco fuori uso, il *Glenroy* poté continuare a dirigere verso Timbakion, ma un'ora dopo dovette invertire la rotta essendo apparso chiaro che le possibilità per raggiungere l'isola nel tempo stabilito erano venute a cessare, e le condizioni del mare stavano cambiando, rendendo più difficile lo sbarco in spiaggia aperta degli uomini con mezzi insufficienti e malandati. I comandanti del *Glenroy* e delle sue tre unità di scorta, concordemente e, a malincuore, decisero di rientrare ad Alessandria, dove arrivarono alle ore 21.15, senza aver potuto portare a Creta i rinforzi e i rifornimenti attesi dall'Esercito.[49]

Nel frattempo, per proteggere la Forza A del vice ammiraglio Pridham-Wippell, che stava manovrando verso oriente, la RAF aveva mandato in volo dagli aeroporti egiziani dodici caccia Hurricane e un Blenheim. Volando al massimo raggio dell'autonomia che limitò a pochi minuti il periodo di scorta alle navi, i caccia effettuarono le loro missioni nel corso del pomeriggio, intercettando uno Ju. 88 del II./LG.1 che, essendo stato danneggiato, al rientro si sfasciò in atterraggio ad Eleusis riportando danni del 50%.

La nave da sbarco per fanteria *Glenroy* che, dopo essere stata danneggiata da un incendio sviluppatosi in seguito all'attacco di alcuni bombardieri tedeschi Ju. 88 del I./LG.1, fu attaccata senza successo da un aerosilurante italiano S. 79 della 279ª Squadriglia della 5ª Squadra.

La Forza A, con le due corazzate della 1ª Squadra da Battaglia *Queen Elizabeth* e *Barham*, e con la scorta ora limitata ai cacciatorpediniere *Jervis*, *Kelvin*, *Napier*, *Kandahar* e *Hasty*, rimase ad operare durante la notte ad ovest di Alessandria, con l'intenzione di dirigere, all'alba del 27, verso Caso, distante 250 miglia, per incontrarsi con il posamine veloce *Abdiel* e i cacciatorpediniere *Hero* e *Nizam*, che stavano rientrando da Suda dopo essere riusciti a sbarcare nella notte i 750 uomini del Reggimento di Commandos del tenente colonnello Robert Laycock, per poi assumere la rotta del ritorno con a bordo 930 uomini di servizi della RAF e della Royal Navy. Si trattò dell'ultimo rifornimento che riuscì a raggiungere Creta.

Un altro gruppo di navi che si trovava in mare, nel tratto tra Alessandria e Creta, e che occorreva proteggere, era il convoglio AN. 31. Costituito da due piroscafi scortati dallo sloop *Auckland*, il convoglio era salpato dal porto egiziano alle 05.00 del 25 maggio,

---

[49] L'importanza del *Glenroy* non era sfuggita ai tedeschi. Ritenendo che quella grossa nave da trasporto e le unità della scorta dirigessero per sbarcare il suo carico a Ieropetra o a Messala la sera del 26 maggio, chiesero a Egeomil, tramite Marisudest di dislocare in posizione favorevole due sommergibili. Egeomil, oltre a disporre voli di ricognizione sulla direttrice costa meridionale di Creta – Alessandria, con esito negativo, ordinò ai sommergibili *Malachite* e *Squalo* di spostare le loro zone di agguato nelle aree dell'isolotto Guidaro, a sud di Ieropetra, ove operarono fino agli ultimi giorni del mese, senza avvistare nulla. Un altro sommergibil, il *Dessie* e fu inviato il giorno 29 a sud della baia di Messala, già occupata precedentemente dal *Topazio*, mentre l'*Adua*, che dal 24 maggio operava a metà della congiungente Alessandria – canale di Caso, il 28 fu spostato anch'esso nelle vicinanze della costa meridionale di Creta, a 20 miglia a sud di Capo Littinos.

trasportando rifornimenti destinati a Creta. Il compito era rischioso, ma da parte britannica fu presa ugualmente la decisione di non rinunciare ad inviare ogni aiuto possibile, necessario all'Esercito per difendere l'isola. Successivamente, per assicurare alla due navi da trasporto una maggiore protezione, il Comandante della Mediterranean Fleet dispose che l'incrociatore contraereo *Calcutta* e il cacciatorpediniere *Defender*, salpati da Alessandria, si congiungessero all'AN. 31 alle ore 06.00 del 27 maggio.

Per concludere la giornata del 26 maggio, occorre conoscere quello che stava succedendo a Creta. Le truppe tedesche, avendo ormai preso il pieno sopravvento su quelle britanniche che erano costrette a ritirarsi dalla linea difensiva costituita il giorno 23 nel settore Maleme-Canea, si stavano avvicinando ulteriormente a Suda. Sebbene nel settore di Heraklion la situazione fosse migliore, anche perché erano stati ricevuti rinforzi dei reggimenti Argyle e Southerland Higllanders e due carri armati tipo I, sbarcati dal grande mezzo da sbarco *A 2* (*Lcacciatorpediniere 2*), il generale Freyberg comprese che non sarebbe passato altro tempo prima che l'intero fronte di Creta cadesse completamente, sotto la spinta dei paracadutisti tedeschi sostenuti da mezzi corazzati.

Ad iniziare dal 24 maggio, anche per l'arrivo degli alpini, la situazione sul terreno cambiò. I paracadutisti tedeschi superate le resistenze britanniche avanzano dalla zona degli aeroporti verso l'interno di Creta.

L'avanzata procede sempre mantenendosi al riparo dei muretti degli uliveti.

Soldati britannici si arrendono ai paracadutisti tedeschi, che ormai avanzano in modo inarrestabile verso gli obiettivi prestabiliti.

Il tenente generale Freyberg, nella situazione sfavorevole, controlla di persona la situazione su una linea del fronte.

Pertanto, quello stesso giorno 26 Freyberg aveva telegrafato al generale Wavell, riferendo che le truppe ai suoi ordini nella Baia di Suda, per gli intensi bombardamenti aerei, *"erano giunte al limite estremo della resistenza"*. La situazione a Creta era *"senza speranza"*, e i se non arrivavano aiuti, occorreva ritirarsi per salvare almeno una parte delle truppe. Il generale Wavell non esitò a far conoscere a Londra quello stato di fatto, e l'indomani, 27 maggio, il Primo Ministro britannico incoraggiò il generale Freyberg con un messaggio, di elogio e d'invito alla resistenza, promettendo l'invio di *"tutti gli aiuti possibili"*.[50] Ma era una pia illusione, perché ormai 27.000 tedeschi si trovavano sul suolo di Creta. Rinforzi, compresi due carri armati leggeri tipo II, continuavano ad arrivare in continuazione, con aerei da trasporto e motovelieri isolati che sbarcavano i mezzi in una valle ad oriente di Heraklion, fuori dal raggio d'azione delle difese britanniche, che ormai non potevano più usufruire di un sufficiente appoggio della RAF, non essendo essa più in grado di mantenere il ritmo delle missioni, ridotte il 26 maggio a 16 velivoli. Di essi, 4 Maryland del 4° Squadron sudafricano e 6 Hurricane furono impiegati per attaccare Maleme, mentre altri 2 Maryland si limitarono a lanciare rifornimenti alle truppe britanniche.

La rinuncia britannica a difendere Creta

All'alba del 27 maggio la Forza A del vice ammiraglio Pridham-Wippell, che comprendeva le corazzate della 1ª Squadra da Battaglia *Queen Elizabeth* e *Barham* e i cacciatorpediniere *Jervis, Janus, Kelvin, Napier, Kandahar* e *Hasty*, dopo aver stazionato durante la notte a nordovest di Alessandria, in una zona situata all'altezza di Marsa Matruch, si trovava a circa 250 miglia a sudest di Caso. Queste navi stavano dirigendo verso Caso per proteggere il ritorno da Suda del posamine *Abdiel* e dei cacciatorpediniere *Hero* e *Nizam*, e assicurare la copertura allo sloop *Aukland* e a due piroscafi del convoglio AN. 31, che in rotta per Creta, e si trovavano a circa 150 miglia a nordovest di Alessandria. Ma in seguito

---

[50] W. Churchill, *La Germania punta a oriente*, Mondadori, Milano, cit., p. 337.

alla costatazione che il convoglio non avrebbe avuto alcuna possibilità di arrivare a Creta, in un momento in cui la Luftwaffe stava dimostrando tutta la sua potenza, nelle prime ore del mattino del 27 gli fu ordinato di rientrare ad Alessandria, per poi sfuggire senza riportare danni all'attacco di una formazione di nove velivoli da bombardamento tedeschi. Che la minaccia della Luftwaffe fosse temibile, anche in zone che si trovavano al di fuori dell'autonomia degli Stuka, fu un elemento che non tardò ad avere conferma. Le navi britanniche si trovavano nel raggio d'azione degli Ju. 88 del micidiale 1° Stormo Sperimentale, che non si lasciarono sfuggire l'occasione per provocare nuovi danni al nemico.

E' difficile stabilire se degli inglesi era da ammirarne il coraggio o rimproverarne l'incoscienza, vista la determinazione con cui la Mediterranean Fleet continuava ad operare in mare con le sue corazzate, protette da un velo di cacciatorpediniere, e senza disporre di scorta aerea, assolutamente necessaria per contrastare le incursioni delle aviazioni dell'Asse. Comunque, era un comportamento che faceva onore alla Royal Navy, ma che purtroppo non rientrava nei sistemi di rischio accettati da altre Marine, che non esitavano a ritirarsi quando le incursioni aeree si facevano troppo pericolose o avevano portato danni alle loro navi.

Alle ore 08.58 la 1ª Squadra da Battaglia aveva raggiunto una posizione che si trovava a 190 miglia da Scarpanto, quando fu attaccata da 12 bombardieri Ju. 88 del II./LG.1. I velivoli tedeschi apparvero improvvisamente dalla direzione del sole, per poi scendere in picchiata sulle corazzate, accolti dalle artiglierie delle navi che sviluppando il consueto sbarramento di fuoco, abbatterono uno degli Ju. 88. Ciononostante la *Barham* (capitano di vascello Geoffrey Clement Cooke) fu colpita da una bomba sulla torre Y (la n. 4), che fu completamente distrutta, ed ebbe due compartimenti delle sue paratie allagati per effetto delle esplosioni di altre bombe cadute nelle immediate vicinanze dello scafo. Si sviluppò un incendio che, prima di essere domato in venti minuti, costrinse la formazione navale a navigare sottovento per due ore, con rotta sud. Il danneggiamento della *Barham* era la goccia che faceva traboccare il vaso, e conseguentemente, non appena l'ammiraglio Cunningham fu informato, egli ordinò a Pridham-Wippell di rientrare ad Alessandria.

Nel frattempo da parte italiana, per attaccare quelle navi britanniche che i ricognitori tedeschi indicavano a circa 60 miglia a nord di Sidi el Barrani, il Comando della 5ª Squadra Aerea aveva fatto decollare dagli aeroporti della Cirenaica, cinque bombardieri S. 79 dell'8° Stormo, scortati da otto caccia Cr. 42 del 180° Gruppo, e dieci bombardieri Br 20 del 98° Gruppo. Le partenze delle due formazioni si verificarono alle ore 11.35, ma soltanto la prima arrivò sull'obiettivo alle 15.00, sganciando le bombe da alta quota senza conseguire risultati. Invece i Br. 20, non avendo trovato le navi da attaccare, prima di rientrare alla base si disfecero del loro carico bellico, sganciandolo su obiettivi della piazzaforte di Tobruch. Un altro S. 79 dell'8° Stormo fu inviato a svolgere un servizio di ricognizione tra le coste della Cirenaica e quelle di Capo Crio, dove alle 14.00 avvistò 2 incrociatori e 2 cacciatorpediniere diretti ad ovest, che poi furono attaccati al crepuscolo senza esito da un solitario aerosilurante S. 79 della 279ª Squadriglia, decollato da Bengasi. Lo stesso giorno, per essere più vicina alla zona di Creta, la 279ª Squadriglia fu trasferita da Bengasi a Derna, sull'aeroporto di El Fatheiah.

***

Mentre tutti i gruppi navali della Mediterranean Fleet rientravano mestamente ad Alessandria, avendo fallito quasi tutti i loro tentativi di alimentare Creta e di impedirne ai tedeschi il rifornimento, sull'isola l'andamento delle operazioni britanniche stava volgendo al peggio. Il nemico, infranto il fronte terrestre stava per raggiungere la baia di Suda, ed avendo interrotto i collegamenti con il Comando del generale Freyberg, quest'ultimo, "*in virtù dei poteri discrezionali conferitigli, fece iniziare la ritirata attraverso l'isola verso sud, in direzione di Spakia*". Ritirata che, ordinata alle 03.00 del 27 dal maggior generale E.C. Weston, fu protetta, in posizione di retroguardia, dal contingente di truppe del generale Laycock, arrivato nella notte del 26 col posamine veloce *Abdiel*, e dai resti della 5ª Brigata neozelandese e dei battaglioni australiani 7° e 8°.

L'ammiraglio Cunningham mise in risalto, nelle conclusioni della sua relazione, gli sforzi compiuti dalla sua flotta per tenere apertiti i collegamenti con Creta, trasportando truppe e rifornimenti, i risultati pratici raggiunti nelle missioni, e i timori che si presentavano in seguito alla decisione di abbandonare l'isola, approvata a Londra dai Capi di Stato Maggiore, concludendo: "*le perdite e danni sofferti dalla flotta furono notevoli. Ufficiali e soldati sono stati sottoposti a prolungati sforzi a causa dei continui bombardamenti. Ma ben poco riposo ci sarebbe stato, perché una terribile prova si preannunciava per la flotta, l'evacuazione di 22.000 persone da Creta all'Egitto*".[51]

Il villaggio di Spakia, a sudovest di Creta, da dove le forze britanniche si reimbarcarono per l'Egitto.

---

[51] A.B. Cunningham, "The Battle of Crete", *Supplement to The London Gazette* n. 38296.

Soldati britannici, stremati da una lunga marcia di trasferimento, sulla spiaggia di Spakia in attesa di essere raccolti e trasportasti in Egitto dalle unità navali della Mediterranean Fleet.

Alle perdite sofferte dalla flotta britannica, si unirono quelle della Marina mercantile greca, che durante le giornate del 26 e 27 maggio perse a Suda e Candia, per attacco aereo tedesco, i piroscafi *Emanuel Petris*, *Rokos* e *Antonius*. Inoltre gli Ju. 87 dello St.G.2 colarono a picco sud di Creta i whaler antisom britannici *Syvern* e *Kos 23*, che erano partiti da Suda per raggiungere Alessandria.

L'evacuazione britannica da Creta

Il 26 maggio l'ammiraglio Cunningham si era incontrato con il generale Wavell, col maresciallo dell'aria Tedder, con il Primo Ministro della Nuova Zelanda Peter Fraser, col generale Thomas Blaney, Comandante delle truppe australiane del Medio Oriente. Wavell mostrò allora di non farsi illusioni sul destino di Creta, essendo nell'aria l'evacuazione dell'isola, mentre Blaney e Fraser si mostrarono vivamente preoccupati per la sorte delle loro truppe. Cunningham lo era a sua volta per le misure da adottare per quella drastica necessità. Egli sperava di poter prendere a bordo delle sue navi le truppe, imbarcandole sulle coste meridionali di Creta, essendo troppo pericoloso percorrere l'Egeo durante il giorno per raggiungere le zone settentrionali dell'isola. Ma, al tempo stesso l'ammiraglio disse chiaramente *"a Wavell che, dato l'assoluto dominio dell'aria da parte del nemico, la resa delle truppe avrebbe significato salvar vite invece di fare affrontare ai soldati i rischi di terribili perdite nelle operazioni d'imbarco e nella navigazione verso Alessandria"*.[52]

Dimostrando chiaramente che a Londra non si era compreso, o non si intendeva comprendere, quale fossero le difficoltà che stava affrontando l'Esercito e la Marina per

---

[52] *Ibidem.*

difendere Creta, Winston Churchill, quello stesso 26 maggio, aveva telegrafato al generale Wavell, sostenendo: *"Vittoria a Creta essenziale in questa svolta della guerra. Continuate a lanciare tutto quello che potete"*.[53] Ma la notizia, proveniente dal generale Freyberg, che le truppe operanti nella zona di Suda avevano raggiunto i limiti della resistenza, e occorreva recuperarle nella parte meridionale di Creta, convinsero Wavell a strappare ai Capi di Stato Maggiori Imperiali l'autorizzazione di evacuazione l'isola. Ciò significava, aggiunse Cunningham, che sotto l'aspetto navale *"lo sgombero doveva essere effettuato mediante navi condotte da ufficiali e da marinai ormai sulla soglia dell'esaurimento completo, tanto fisico quanto spirituale"*.[54]

In effetti, l'evacuazione stava seguendo, senza possibilità di interruzione, la battaglia combattuta per mantenere il possesso di Creta. Le operazioni in mare erano già costate alla Mediterranean Fleet l'affondamento di 2 incrociatori (a cui si aggiungeva il definitivo abbandono dello *York* a Suda) e 4 cacciatorpediniere, e il grave danneggiamento di 2 navi da battaglia, una portaerei, un incrociatore e un cacciatorpediniere. Altri 5 incrociatori e 4 cacciatorpediniere, pur avendo subito danni di una certa entità, erano ancora in grado di navigare. Inoltre le unità delle forze leggere, in particolare gli incrociatori e i cacciatorpediniere, negli ultimi tre mesi erano state impiegate ininterrottamente e pertanto sottoposte a uno sforzo quasi insostenibile, in un'attività che aveva comportato per navi ed equipaggi di non potere usufruire neppure di due o tre giorni di riposo in porto, necessari per la pulizia delle caldaie e il riassetto degli scafi e delle macchine delle unità logorate o danneggiate, che tiravano avanti alla meglio.

Nella pianificazione dell'evacuazione di Creta, appariva chiaro che soltanto una zona, quella settentrionale di Heraklion, era favorevole per l'imbarco delle truppe, essendovi un porto. Invece a Sphakia, piccolo villaggio di pescatori sulla costa meridionale, ove affluivano le truppe provenienti da nord – dopo un lungo, lento e faticoso trasferimento per via di terra, percorso su terreno accidentale e montagnoso – vi era solo la possibilità di un imbarco su spiaggia aperta, esposta agli attacchi della Luftwaffe. Tutto ciò, assieme ad una certa comprensibile disorganizzazione determinata dagli avvenimenti che precedettero lo sgombero, avrebbe portato *"ad una costante fluttuazione nelle previsioni del numero di persone da imbarcare e rese sia l'organizzazione che l'esecuzione dell'evacuazione molto difficili"*.[55]

Il Comandante della Mediterranean Fleet aveva ricevuto dal maresciallo dell'aria Tedder la promessa che da parte della RAF sarebbe stato fatto tutto il possibile *"per assicurare una certa protezione alle navi"*, che però sarebbe stata pur sempre debole e intermittente a causa della distanza delle basi egiziane da Creta. Per questo motivo erano stati adattati particolari accorgimenti per permettere ai caccia di possedere una maggiore autonomia, fornendoli di serbatoi supplementari.

Il piano di evacuazione, preparato dal Comando della Mediterranean Fleet, prevedeva di imbarcare la maggior parte delle truppe a Heraklion, con un solo viaggio tra il 28 e il 29 maggio. A sud di Creta l'imbarco doveva avvenire in spiagge aperte, a Sphakia e in parte a Timbaki, a 300 miglia dalla base di Alessandria. Era stabilito che lo sgombero dovesse

---

[53] W. Churchill, *La Germania punta a oriente*, Mondadori Milano p. 334.
[54] A.B. Cunningham, *L'odissea di un marinaio*, cit., p. 244.
[55] A.B. Cunningham, "The Battle of Crete", *Supplement to The London Gazette* n. 38296.

invariabilmente svolgersi di notte, normalmente fra la mezzanotte e le ore 03.00. Ciò avrebbe consentito alle navi di trovarsi il più lontano possibile dalle basi aeree nemiche durante le successive ore diurne. L'incarico della prima operazione di trasporto a Herakion fu assegnato al contrammiraglio Rawlings, che alle 06.00 del 28 maggio prese il mare da Alessandria con la Forza B, costituita dagli incrociatori della 7ª Divisione *Orion, Ajax* e *Dido*, e dai cacciatorpediniere *Decoy, Jackal, Imperial, Hotspur, Kimberley* e *Hereward*. Due ore più tardi prese il mare da Alessandria una seconda formazione navale chiamata Forza C, costituita dai quattro cacciatorpediniere *Napier* (capitano di vascello Stephen Harry Tolson Arliss)*, Nizam, Kelvin* e *Kandahar*, diretta a imbarcare altri contingenti di truppe del tenente colonnello Laycock a Sphakia, sulla costa meridionale di Creta.

La pianificazione e lo sbarco italiano sulle coste orientali di Creta

Il 22 maggio si era svolta ad Atene, presso il Comando della 4ª Luftflotte, un'importante riunione, presenti il generale Löhr, il Comandante Marina Sud Est ammiraglio Schuster, il Comandante del Gruppo Navale Egeo Settentrionale, capitano di vascelloPecori Girali, e l'ufficiale di collegamento tedesco presso Egeomil, tenente di vascello Fellner. Quest'ultimo, arrivato in aereo da Rodi, aveva chiesto a Pecori Girali di volersi interessare per "*la partecipazione italiana all'operazione di sbarco*" a Creta, da sviluppare, con truppe e mezzi speciali del Dodecaneso, nella parte orientale dell'isola. La proposta, che seguiva all'insuccesso del primo tentativo germanico di sbarcare a nord di Creta con i convogli scortati dalle torpediniere *Lupo* e *Sagittario*, fu inizialmente accolta con perplessità, poiché l'impresa richiesta agli italiani era considerata da Pecori Giraldi rischiosa a causa della continua presenza delle navi britanniche, che si mantenevano con forze preponderanti nella zona indicata per lo sbarco. Durante la discussione, l'ammiraglio Sud-Est si disse dispiaciuto di dover restituire a Egeomil le siluranti ricevute in temporaneo prestito (cacciatorpediniere *Crispi* e *Sella*, e torpediniere *Lupo, Lince, Libra* e *Lira*), che erano necessarie al Comando di Marina Egeo per scortare i suoi convogli. Infine, il generale Löhr "*disse che la situazione delle truppe a Creta non era chiara e che pertanto l'intervento italiano sarebbe stato assai gradito*", augurandosi "*che potesse verificarsi entro il minor tempo possibile*".[56]

La sera del 22 maggio arrivò a Egeomil un telegramma proveniente dal generale Ugo Cavallero – Capo di Stato Maggiore Generale rientrato a Roma dopo la conclusione delle operazioni sul fronte greco-albanese – in cui chiedeva: "*Telegrafate se ritenete possibile partecipare operazioni Mercurio con un Reggimento fanteria rinforzato aut con forze maggiori alt Caso affermativo prendere diretti accordi con comando tedesco alt scegliete i migliori reparti che debbono in questa occasione tenere alto come sempre prestigio nostra bandiera alt Cavallero*".[57]

Il generale Bastico rispose l'indomani facendo presente di aver già espresso all'ufficiale tedesco di collegamento la sua convinzione che l'operazione era resa possibile soltanto sguarnendo, con le sue forze limitate, la difesa delle isole del Dodecaneso. Altrimenti poteva mettere a disposizione al massimo la forza di due soli battaglioni di fanteria rinforzati, ma aggiunse che la presenza della flotta inglese rendeva l'operazione difficile e rischiosa, ragion per cui sarebbe stato più conveniente realizzarla quando, a Creta, la situazione fosse migliorata a favore dei tedeschi. Ciò significava per gli italiani di aspettare il momento favorevole, proprio mentre i tedeschi desideravano dall'alleato un aiuto tempestivo. La sera di quello stesso 23 maggio Cavallero approvo quanto proposto da Bastico, e lo invitò a "*Prendere diretti accordi con Comandi Germanici*".[58]

Il 24 maggio Egeomil fece sapere al Comando della 4ª Luftflotte che le forze del Corpo di Spedizione, da passare dopo lo sbarco alle dipendenze del Comando Germanico, sarebbero state costituite da due battaglioni di fanteria rinforzati e da servizi, per un ammontare

---

[56] AUSMM, Marisudest, Lettera n. 216/SRP del 31 maggio 1941.
[57] ASMEUS, *Diario Storico Militare Egeo*, b. 765, Allegato n. 233.
[58] ASMEUS, *Diario Storico Militare Egeo*, b. 756, Allegati n. 240 e n. 241.

di: 80 ufficiali; 2200 sottufficiali e truppe; 12 cannoni da 47/32; 1 batteria di cannoni da 65/15; 6 mortai; 13 carri armati L. 13; 7 automezzi; 226 quadrupedi; cinque giornate di viveri e munizioni; tre tonnellate di carburanti. Era previsto l'appoggio di tutti i mezzi aerei del possedimento, con l'eventuale concorso di quelli germanici.

Le unità navali, da impegnare nell'operazione di scorta e appoggio ai convogli e allo sbarco, dovevano comprendere le unità leggere concesse da Egeomil all'Ammiraglio Sud Est, specificando che al loro arrivo il Corpo di Spedizione sarebbe stato pronto a salpare per Creta. Vi era per i tedeschi l'urgente necessità di ricevere aiuti, e quindi di indurre gli italiani a sbarcare al più presto possibile, per cui fu prospettato a Egeomil la possibilità di prevenire l'eventuale sbarco di contingenti di truppe britanniche a Ieropetra, in modo da agevolare l'azione di un gruppo germanico che dirigeva da occidente verso quella località.

Una silurante italiana in navigazione di guerra con gli uomini pronti alle mitragliere binate Breda da 20 mm a fronteggiare un eventuale attacco aereo.

Il 25 maggio, il generale Bastico, rispondendo a una richiesta di Cavallero, fece sapere al Comando Supremo che il Corpo di Spedizione sarebbe partito da Rodi alle ore 18.00 circa del giorno 27. L'obiettivo da raggiungere, nel pomeriggio del 28, era Sitia, sulla costa orientale di Creta, da dove le truppe sbarcate avrebbe cominciato ad avanzare verso sudo-vest per occupare Ieropetra. Occorre dire che Bastico non aveva mancato di far presente a Cavallero la necessità di sostituire le unità danneggiate, come il cacciatorpediniere *Sella* e la torpediniera *Lupo*, e quindi disporre di un rinforzo di unità navali. Ma alla sua richiesta, del 24 maggio, il Capo di Stato Maggiore Generale, sentita l'opinione di Supermarina, rispose il 26 in modo particolarmente deludente, sostenendo: *"Imprescindibili necessità operative degli altri scacchieri impediscono attuale sostituzione o rinforzo vostre unità navali. Sono certo che Comandanti Ufficiali ed equipaggi sapranno supplice con volontà e l'animo alla scarsità dei mezzi – Cavallero"*.[59] Il generale Bastico, con richiesta del 23 maggio, aveva sollecitato anche un rinforzo di aerei offensivi e da caccia; ma, come abbiamo detto, tutto quello che ottenne fu rappresentato dall'invio a Rodi di una squadriglia di sei bombardieri Cant. Z. 1007 bis, i cui equipaggi vennero fatti rientrare in Italia.

Come si vede, vi era da parte italiana uno strano modo di realizzare con l'alleato germanico una guerra comune, che non poteva certamente essere combattuta, nei settori di volta in volta più caldi, risparmiando le forze. Infatti, non è pensabile che Supermarina, cui restava allora come principali compiti di guerra quelli di assicurare il passaggio dei convogli per la Libia, di minare il tratto di mare tra Tripoli e il Canale di Sicilia, e di addestrare la flotta per metterla in condizioni di affrontare con successo quella britannica, non riuscisse a trovare qualche unità leggera da inviare in Egeo. Lo stesso si deve dire per Superaereo. Potendo ormai disporre sull'ingente massa di aerei da combattimento che erano stati impegnati nella dura campagna balcanica, rimanevano, come importanti settori di guerra, la Libia e Malta. La giustificazione che gli aerei che avevano operato contro la Grecia e la Iugoslavia avevano bisogno di un periodo di riposo per rimettere in sesto i logorati reparti, è un ragionamento che doveva essere superato nella nuova esigenza di Creta, se non altro come gesto di buona volontà verso l'alleato.

Nella ricerca delle forze navali da concentrare a Rodi per l'imbarco delle truppe e delle armi, Egeomil scelse, per le unità adibite al trasporto, quella che appariva la migliore soluzione. Scartata l'idea di impiegare navi di grosso tonnellaggio, molto vulnerabili alle azioni nemiche e che avrebbe imposto lo sbarco a distanza delle coste con l'impiego d'imbarcazioni, fu deciso di ripiegare su quindici natanti di tipo vario, racimolandoli tra i piccoli piroscafi, i motovelieri e i motopescherecci presenti nel Dodecaneso. Si trattava quindi di unità di scarso pescaggio, ma atti ad incagliarsi sulla spiaggia, per rendere più facile, con speciali accorgimenti, e più rapido lo sbarco delle truppe e dei carri armati.

L'organizzazione, che richiedeva il più rapido concentramento dei mezzi navali a Rodi fu curata dal locale Comando della Zona Militare Marittima, nel breve tempo di quarantotto ore, intercorso tra la data della decisione dell'azione e quella fissata per la partenza. Per la scorta, non potendo disporre del cacciatorpediniere *Sella* e della torpediniera *Lupo* che erano danneggiati, fu necessario ripiegare sugli altri mezzi disponibili, restituiti dal Comando Marina Sud-Est; ossia il cacciatorpediniere *Crispi*, le torpediniere *Libra, Lira, Lince* e sei M.A.S.(*542, 536, 546, 540, 523, 520*), a cui si aggiunse la torpediniera *Aldabaran*, temporaneamente ceduta da Marisudest su ordine del Comando tedesco. Inoltre su ogni navicella del convoglio fu imbarcato un ufficiale di Marina come comandante militare.

Considerando la scarsa efficienza delle unità di scorta, e ritenendo che il pericolo di un attacco navale nemico sarebbe stato più pericoloso durante la notte, il passaggio del convoglio da Rodi a Sitia fu studiato in modo di percorrere l'attraversamento dello stretto di Caso in ore diurne, per garantirne una maggiore sicurezza con l'Aeronautica dell'Egeo e con l'aviazione tedesca, per poi giungere a destinazione alle ore 16.00 del 28 maggio, con una percorrenza di 122 miglia. Componevano il convoglio le navi ausiliarie *Sonzini* e

---

[59] *Ibidem*, Allegato 267.

Camogli, i piroscafi *Orsini* (capo convoglio Stenente di vascello Bunicich), *Gian Paolo*, *Adis Abeba*, *Tarquinia*, *Assab* e *Porto di Roma*, il motopeschereccio *Aguglia*, il rimorchiatore *Impero*, i motovelieri *S. Antonio*, *Navigatore*, *S. Giorgio* e *Plutone*, e la cisterna *G.G.S. 170*. L'unità più grande era il *Gian Paolo*, di 250 tsl, la più piccola il *Plutone*, di sole 50 tsl.

L'imbarco delle truppe, dei quadrupedi, delle armi e dei viveri delle unità della Divisione Regina, in tutto 2.400 soldati cui si aggiungevano 300 marinai, iniziò alle ore 06.00 del 27 e fu completato alle ore 18.00. Quindi, "*tra le manifestazioni di giubilo e i canti patriottici delle truppe imbarcate entusiaste di partecipare ad una impresa che tutti sapevano rischiosa*", le navi cominciarono ad uscire dal porto di Rodi, per poi ricongiungersi all'alba del 28 con le unità di scorta, comandate dal capitano di fregata Aldo Cocchia, all'imbocco del Canale di Caso.[60]

Durante la notte, mentre il convoglio avanzava verso ponente, il cacciatorpediniere *Crispi* e le quattro torpediniere *Libra*, *Lira*, *Lince* e *Aldebaran*, incrociarono nel Canale di Scarpanto. Dei sei M.A.S., due (*542* e *536*), inseriti nel convoglio si tenevano a rimorchio del piroscafo *Orsini*; gli altri quattro (*546*, *540*, *523* e *520*), dislocati in agguato nel Canale di Caso, dovettero allontanarsi da quella zona per le condizioni del mare quasi insostenibili, e nel pomeriggio del 28 maggio si riunirono al convoglio che, durante la navigazione notturna, con il vento che aumentò di violenza, dovette ridurre la prevista velocità da 7 a 5 nodi.[61]

Sulla scelta dell'eterogeneo gruppo di navi del convoglio e sulla loro navigazione, abbiamo una colorita narrazione dell'ammiraglio Cocchia, che paragonò quella spedizione, con la "*più strana accozzaglia di natanti*" che più a uno sbarco faceva pensare "*alla materializzazione di cartoni animati*".[62] Ma anziché far "*sorridere*", come lo stesso Cocchia ha scritto in modo alquanto ironico, la preparazione e la realizzazione di quello sbarco doveva invece far compassione; soprattutto se confrontato con le organizzazioni delle operazioni anfibie che furono realizzate nella seconda guerra mondiale, prima dai tedeschi in Norvegia, poi dai giapponesi nel Pacifico, e infine abbondantemente, con migliaia di navi da trasporto e da sbarco di ogni tipo e per ogni necessità, dagli anglo-americani in tutti i mari del mondo.

Nelle "*Osservazioni*" espresse nel rapporto di missione, il comandante Cocchia sostenne che la navigazione in convoglio non aveva presentato "*eccessive difficoltà nonostante la eterogeneità dei natanti*", a cui si aggiungevano i numerosi rimorchi e la mancanza di allenamento del personale. Il convoglio, una volta stabilite rotta e velocità iniziale, aveva proceduto nella notte senza disperdersi, e di giorno era riuscito a mantenere abbastanza bene la formazione, con tutte le navi che manovravano per imitazione di manovra. Il contatto radiotelegrafico rds, che doveva assicurare un migliore servizio di collegamento tra l'unità comando e le varie navicelle, venne a mancare completamente, probabilmente a causa delle vibrazioni e del rumore dei motori, che impedirono di un buon ascolto.[63]

---

[60] ASMEUS, "Relazione sull'azione del corpo di spedizione italiano a Creta", fondo *M 3*, b. 153.
[61] AUSMM, Comando Marina Creta, *Rapporto di missione* del capitano di fregata Aldo Cocchia, Prot. n. 12 del 4 giugno 1941, fondo *Scontri Navali e Operazioni di guerra*, b. 32.
[62] A. Cocchia, *Sommergibili all'attacco*, Milano, Rizzoli, 1955, p. 91.
[63] *Ibidem*.

Nel frattempo, a iniziare dall'alba del 28 maggio, i velivoli dell'Aeronautica Egeo iniziavano una minuziosa opera di vigilanza a nord di Creta, estendendo le ricognizioni a sud dell'isola, tra il Canale di Caso e i porti di Alessandria e di Suez. Parteciparono a queste missioni 14 S. 79, 2 S. 84 e 2 Cant. Z. 1007 bis del 92°, 41° e 50° Gruppo, armati con siluri e bombe, Nel contempo, 23 caccia italiani Cr 42 e distruttori germanici Bf. 110 dello Stormo ZG.26, di base a Rodi e a Scarpanto, si dedicarono ad assicurare sul convoglio, e poi sulla adiacente località di sbarco, la indispensabile e continua vigilanza. I restanti velivoli delle specialità aerosilurante, bombardamento e caccia, fu tenuta pronta sugli aeroporti del Dodecaneso per svolgere azioni su allarme. Tuttavia l'avvistamento dei tre incrociatori e dei sei cacciatorpediniere della Forza B, che da Alessandria dirigeva verso il canale di Caso per recarsi a imbarcare le truppe britanniche a Heraklion, portò la navigazione del convoglio a svolgersi in un clima di angoscia, ben rappresentata dal generale Bastico che, nella sua relazione, scrisse: *"La temuta azione navale si manifestava così in tutta la sua gravità; un attacco del convoglio avrebbe infatti causato quasi certamente la completa sua distruzione. Ma il Comando Superiore delle Forze Armate dell'Egeo, posto al bivio di affrontare il pericolo e di fermare il convoglio appoggiandolo all'isola di Caso, fidandosi sulla reazione delle forze aeree ai suoi ordini, confermava l'ordine di procedere verso Creta, aggiungendo quello di forzare sino ai limiti del possibile la velocità dei natanti"*.[64]

E quest'ordine fu ancora confermato nelle prime ore del pomeriggio quando fu segnalato dalla ricognizione un aumentato pericolo, poiché la Forza B alle 12.37, trovandosi a 145 miglia a sud-est di Scarpanto, stava procedendo *"a tutta velocità con rotta nord-ovest e cioè in direzione del Canale di Caso"*. Esaminata da Bastico la situazione con il comandante Cocchia e il colonnello Ettore Caffaro, comandante del Corpo di Spedizione, fu deciso di continuare ad avanzare verso Creta, con il cacciatorpediniere *Crispi* che, precedendo il convoglio, distrusse a cannonate il faro di Capo Sidero per evitare che potesse dare l'allarme.[65]

---

[64] *Ibidem.*
[65] AUSMM, "Comando Zona Militare Marittima dell'Egeo - Spedizione di Creta", fondo *Scontri navali e operazioni di guerra*, b. 32.

Le truppe italiane sbarcano a Sitia, sulle coste orientali di Creta. Il rudimentale sistema per lo sbarco dei carri armati leggeri tipo L dal piroscafo *Porto di Roma*.

I fanti della Divisione Regina avanzano accompagnati dai carri armati L, armati solo con 2 mitragliatrici da 8 mm.

Subito dopo aveva inizio la discarica del materiale e dei quadrupedi.

Essendo stata ordinata la navigazione a tutta forza, in relazione alla velocità massima consentita ad ogni nave, alle 18.00 il convoglio arrivò nelle zone di sbarco di Sitia in formazione profondamente variata rispetto a quella stabilita in aderenza alle necessità tattiche. Attraccarono per primi l'*Orsini*, *S. Antonio*, *Navigatore* e *Porto di Roma*, seguiti dalle altre navi che si incagliarono lungo tutta la spiaggia. Per ultimi arrivarono il *Plutone* e il *G.S. 170*, che erano stati rimorchiati dall'*Assab* e dall'*Adis Abeba*. Sebbene l'arrivo delle navi non si fosse svolto secondo lo schema desiderato, il colonnello Caffaro – sceso a terra con i primi contingenti assieme agli ufficiali del suo stato maggiore – riuscì ugualmente a formare la testa di sbarco, che avvenne in modo ordinato e rapido, senza alcun contrasto da terra.

Per primi presero terra i marinai della compagnia del Stenente di vascello Cruciani, che occuparono i locali del telegrafo e del telefono. Per ultimi i materiali, il cui sbarco fu altrettanto rapido. Esso avrebbe potuto svolgersi in modo ancor più celere se vi fossero state disponibili un numero maggiore di imbarcazioni e un maggior numero di uomini adibiti a quel servizio, che comunque fu realizzato in modo lodevole esclusivamente con gli equipaggi delle unità navali e dai reparti spiaggia. Un lavoro massacrante concluso nel corso di quattordici ore, con il timore di venire attaccati da un momento all'altro dalla forza navale nemica. Subito dopo lo sbarco delle truppe, che erano state accolte da una debole reazione dei soldati greci della guarnigione di Sitia, espressa soltanto con armi automatiche, i soldati diressero verso le alture antistanti la baia, e ricevettero l'immediato sostegno dei carri armati L della 3ª Compagnia del 112° Battaglione che, sbarcando dal ponte scorrevole del *Porto di Roma*, irradiandosi a ventaglio raggiunsero le posizioni dalle quali partivano le raffiche del nemico. Ciò permise alle truppe italiane di aprirsi la strada per l'interno dell'isola, catturando circa 200 prigionieri, assieme alle loro dotazioni di armamento, materiali vari e munizioni.

Nel frattempo continuava il pesante e faticoso lavoro delle operazioni di sbarco del grosso delle truppe e dei quadrupedi, i 400 "*dannatissimi muli*", come ha scritto l'ammiraglio Cocchia, che letteralmente furono gettati a mare, per poi nuotare verso la spiaggia. Seguì lo scarico dei materiali, delle munizioni e delle scorte, che ebbe termine nella notte. Tuttavia, a causa degli attacchi aerei che si stavano sviluppando contro le navi britanniche al largo di Setia e per la mancanza di notizie sulla situazione, si verificò un ritardo nell'avanzata, verso i primi obiettivi prestabiliti, che ebbe inizio soltanto alle ore 12.00 del 29 maggio. Sebbene i movimenti dei soldati e dei mezzi fossero resi difficili dalle strade disagevoli e per le ore calde della giornata, cui si aggiunse una certa resistenza nemica all'imbocco dell'abitato di Chamairi che causò l'uccisione di due fanti, l'avanzata si sviluppò abbastanza rapidamente.

Le truppe marciarono in due colonne, procedute dalla compagnia carri L e da autovetture trasportanti nuclei armati con fucile mitragliatore, e dopo aver sostenuto sporadici combattimenti, avanzando per 30 Km, la sera del giorno 30 fu occupato il bivio stradale di Ieropetra, prendendo poi contatto con le truppe germaniche del 55° Battaglione motociclisti mitraglieri della 5ª Divisione da Montagna, che avanzavano velocemente in una lunga colonna, costituita da circa 200-250 mezzi motorizzati, tra camion e motociclette, procedendo altri reparti. L'incontro, che sorprese il comandante del reparto tedesco per aver trovato truppe italiane in quella zona, avvenne, si disse, con cordialità e cameratismo.

Il positivo esito dell'operazione sollevò a Roma grande soddisfazione, anche perché arrivò una comunicazione del generale Bastico dal contenuto a dir poco trionfale, trasmesso al Comando Supremo, e da questo ente diramato ai Capi delle tre Forze Armate, che a loro volta inviarono ai Comandanti dell'Egeo messaggi di congratulazione.

Mezzi navali italiani attraccati alle banchine nel porto di Sitia, dove sono ammassati i soldati ei materiali sbarcati, mentre civili greci osservano l'avvenimento.

L'inizio dell'evacuazione britannica da Heraklion

Il primo avvistamento della Forza B, da parte dei ricognitori italiani e tedeschi avvenne alle 12.37 a sud del Canale di Caso. Collegando il movimento delle navi nemiche con un'azione offensiva da intraprendere contro il convoglio italiano diretto a Sitia, Egeomil dette l'allarme; e mentre aumentava la sorveglianza in mare con i velivoli da ricognizione, si preparò a intervenire con le sue formazioni aeree offensive. Il 28 maggio erano in carico all'Aeronautica dell'Egeo ottantasette velivoli, dei quali, escludendo quelli di nessuna utilità bellica, restavano quarantaquattro bombardieri, sei aerosiluranti e ventuno caccia, la cui efficienza era però al momento limitata ad appena ventiquattro bombardieri, un aerosilurante, nessun ricognitore, e quattordici caccia Cr 42, questi ultimi assegnati alle scorte dei velivoli offensivi e delle unità navali dirette a Sitia.

La Forza B fu nuovamente avvistata alle 15.55 da un aereo da ricognizione S. 79 del 92° Gruppo Bombardieri, con capo equipaggio il sottotenente pilota Antonio Sacillotto, il cui marconista, trasmettendo notizie precise, comunicò che l'avvistamento, a sud del Canale di Caso, si riferiva alla presenza di tre incrociatori e sei cacciatorpediniere, che dirigevano con rotta 330° alla velocità di 26 miglia. L'obiettivo fu poi tenuto sotto osservazione da altri due S. 79 del 92° Gruppo e da due Cant. Z. 1007 bis del 50° Gruppo.

Fin dai primi avvistamenti, per attaccare la Forza B, che continuò ad essere tenuta sotto sorveglianza dai ricognitori fino al tramonto, dagli aeroporti di Rodi venivano fatti decollare in più formazioni 19 velivoli (9 bombardieri Cant. Z. 1007 bis del 50° Gruppo, 7 S. 84 del 41° Gruppo e 3 aerosiluranti S. 79 della 281ª Squadriglia) che ricevettero l'ordine di impegnarsi con la massima determinazione. Contemporaneamente, per attaccare lo stesso obiettivo decollavano da Scarpanto i bombardieri in picchiata tedeschi Ju. 87 del III./St. G.2, che nel frattempo erano stati raggiunti da altri velivoli dello St.G.1.

Poiché le segnalazioni dei ricognitori continuavano ad indicare che il nemico proseguiva ad avanzare verso il Canale di Caso ad una velocità di 24 nodi, in serata furono impartiti ordini per far assumere alle siluranti di superficie e ai Mas le posizioni di agguato in quel tratto di mare.

Nel periodo in cui stavano per iniziare, e poi si sviluppavano gli attacchi aerei dell'Aeronautica dell'Egeo contro le unità britanniche della Forza B, il generale Bastico mise al corrente il Comando Supremo che la navigazione del convoglio italiano diretto a Sitia e le successive operazioni di sbarco si stavano svolgendo regolarmente, secondo quanto stabilito nella pianificazione. Tuttavia, una nuova minaccia sembrava si stesse profilando. Dopo le segnalazioni che indicavano tre incrociatori e sei cacciatorpediniere diretti verso il canale di Caso alla velocità di 24 miglia, e che continuavano ad essere tenuti sotto costante osservazione, ed attaccati da bombardieri ed aerosiluranti, fu individuata una seconda formazione navale britannica costituita da quattro incrociatori leggeri. In realtà, l'avvistamento riguardava i quattro cacciatorpediniere della Forza C *Napier*, *Nizam*, *Kelvin* e *Kandahar*, che erano diretti a imbarcare le truppe britanniche che si stavano concentrando a Sphakia, sulle coste meridionali di Creta.

Secondo i rapporti italiani, i cui orari differiscono alquanto da quelli britannici, i primi velivoli ad attaccare la Forza B, tra le 16.00 e le 17.55, furono 6 bombardieri in quota Cant. Z. 1007 bis del 50° Gruppo, giunti sull'obiettivo in due pattuglie di tre velivoli, e quattro S. 84 del 41° Gruppo, anch'essi ripartiti in due pattuglie, l'ultima delle quali al comando del tenente Giovanni Ghinazzi, sganciando da 5.000 metri, piazzò una bomba vicinissima alla poppa del cacciatorpediniere *Imperial* (capitano di corvetta C.A. De W. Kitkat). L'esplosione della bomba determinò delle leggere avarie al timone dell'*Imperial*, che al momento non furono rilevate dall'equipaggio della nave. Pertanto l'unità poté tranquillamente proseguire nella sua rotta verso Heraklion.

Una terza sezione di due S. 84 del 41° Gruppo Bombardamento Terrestre, comandata dal capitano Marino Marini, pur avendo avvistato la formazione navale nemica alle ore 17.45, per motivi incomprensibili non effettuò l'attacco. Alle 19.56, con le navi britanniche che si trovavano nello stretto di Caso a 10 miglia a sudest di Capo Sidero, attaccarono gli S. 79 della 281ª Squadriglia Aerosiluranti, che avevano per capi equipaggio il cap. Guglielmo Di Luise e i ten. Giuseppe Cimicchi e Pietro Greco, ma nonostante le loro ottimistiche affermazioni di aver colpito ben tre incrociatori, nessuna nave britannica riportò danni.

Un Cant Z 1007 bis della 210ª Squadriglia del 50° Gruppo Bombardamento Terrestre in volo sulla Grecia.

Salva di bombe sganciate contro una delle navi britanniche della Forza B, alle ore 16.00 del 28 maggio, e che risultò troppo a prora rispetto al bersaglio. L'azione fu condotta da tre bombardieri Cant. Z. 1007 bis della 210ª Squadriglia del 50° Gruppo guidati dal tenente Mario Morassutti, che una settimana prima aveva affondato il cacciatorpediniere *Juno*.

La salva di bombe sganciata sud di Caso, alle 17.55 del 28 maggio, da due velivoli S. 84 della 205ª Squadriglia del 41° Gruppo al comando del tenente Giovanni Ghinazzi, e che portò, come dimostra l'immagine, a centrare il cacciatorpediniere *Imperial* (capitano di corvetta Charles Arthur de Winton Kitcat) determinandogli noie al timone.

Un velivolo da bombardamento S. 84.

Una volta terminati gli attacchi aerei dell'Aeronautica italiana dell'Egeo, iniziarono le incursioni degli Stuka tedeschi del III./St.G.2. Alle ore 21.00 una grossa bomba caduta vicinissima all'*Ajax* (capitano di vascello Edward Desmond Bewley McCarthy) sviluppò sull'incrociatore un grosso incendio, provocò il grave ferimento di venti uomini dell'equipaggio, e causò qualche leggero danno al fianco della nave. Domate le fiamme l'*Ajax* si trovava ancora efficiente, ma il suo comandante, capitano di vascello E.D.B. McCarthy, segnalò al contrammiraglio Rawlings "*un rapporto esagerato dei danni*". Il Comandante della Forza B, che intendeva proseguire verso Heraklion soltanto con navi pienamente efficienti, in grado di eseguire l'evacuazione di notte e di poter contrastare gli immancabili attacchi aerei del giorno successivo, decise che l'incrociatore doveva rientrare ad Alessandria, e gli impartì, alle 21.00 del 28 maggio, l'ordine in tal senso.⁶⁶ Da parte tedesca fu abbattuto, da un Blenheim del 14° Squadron della RAF, uno Ju. 88 da ricognizione strategica della Squadriglia 2.(F)/123.

Dopo aver attraversato lo stretto di Caso, e variato la rotta verso ovest, alle 23.30 la Forza B arrivò davanti ad Heraklion. I cacciatorpediniere *Decoy, Jackal, Imperial, Hotspur, Kimberley* e *Hereward* entrarono immediatamente nel porto per imbarcare le truppe allineate sui moli e ne trasbordarono una parte sugli incrociatori *Orion* e *Dido* che attendevano al largo. L'imbarco delle truppe si svolse senza luci nella più fitta oscurità, per non dare riferimenti al nemico che non si accorse di nulla. L'operazione fu completata alle 03.20, dopo di ché la formazione navale, avendo imbarcato l'intera guarnigione di Heraklion, circa 4.000 uomini, procedette verso levante alla velocità di venti nodi. Poi alle 03.45, improvvisamente accadde l'imprevisto. Il danno provocato dalla bomba italiana caduta presso le eliche del cacciatorpediniere *Imperial*, ritenuto insignificante, anche perché non aveva dato fino a allora nessuna seria preoccupazione, causò l'improvviso bloccò del timone. L'*Imperial*, privo di controllo, passò a forte

L'incrociatore britannico *Ajax*, che il 28 maggio fu costretto ad abbandonare la Forza B per un danno causato allo scafo da una grossa bomba sganciata nel tardo pomeriggio nel corso di un attacco degli aerei tedeschi.

velocità davanti alla prora dell'incrociatore *Orion*, mancando di poco la collisione. Si trattava, lo ricordiamo, della stessa nave che il 21 maggio aveva evitato, per pochissimi metri, di entrare in collisione con la torpediniera italiana *Lupo*.

Essendo essenziale per la Forza B di trovarsi con le sue navi il più lontano possibile dalle basi aeree nemiche durante il giorno, il contrammiraglio Rawlings si trovò di fronte alla delicata e difficile decisione di attendere nella zona in cui si trovava l'*Imperial*, nella speranza che il cacciatorpediniere riuscisse a riparare l'avaria, oppure di affondarlo e

---

⁶⁶ A.B. Cunningham, *L'odissea di un marinaio*, cit., p. 248; A.B. Cunningham, "The Battle of Crete", *Supplement to The London Gazette* n. 38296; National Archives, *Battle Summary N. 4*.

proseguire nella rotta verso il canale di Caso. Una volta informato che l'*Imperial* era proprio incapace di governare con i suoi mezzi e che avrebbe ritardato la marcia di tutta la formazione, Rawlings prese la decisione più drastica ordinando

Il cacciatorpediniere *Imperial* che non potendo manovrare per i danni causati al timone dalle bombe sganciate dagli S. 84 del 41° Gruppo, fu affondato dagli stessi britannici per non ritardare la marcia delle altre navi della Forza B, che erano sovraccariche dei soldati imbarcati a Heraklion.

alla formazione di ridurre la velocità a quindici nodi, e al cacciatorpediniere *Hotspur* (capitano di corvetta Cecil Powis Frosbisher Brown) di prendere a bordo le truppe e gli uomini dell'equipaggio dell'*Imperial*, e di affondare la nave.

L'*Hotspur* si affiancò all'*Imperial*, e dopo aver effettuato il trasbordo di 900 soldati si dedicò all'autoaffondamento dell'unità menomata, che concluse alle ore 04.45 lanciando i siluri.

Il contrattempo, costringendo la Forza B a ridurre la velocità per attendere il rientro dell'*Hotspur*, ritardò la navigazione di novanta preziosi minuti, e quando le navi della formazione misero a tutta forza, accostando verso sud per passare il canale di Caso, lo fecero nelle condizioni peggiori, con la luce del giorno che stava avanzando rapidamente.

Il cacciatorpediniere *Hotspur* che affondò con i siluri l'ingovernabile *Imperial* dopo asverne recuperato l'equipaggio e i soldati che trasportava evacuati da Creta.

Nel frattempo la RAF aveva attaccato durante la notte tra il 28 e il 29 maggio l'aeroporto di Scarpanto con due bombardieri Wellington del 70° Squadron, che causarono leggeri danni per schegge a due velivoli da caccia tedeschi Bf. 109 del III./JG.77, da poco arrivati dalla Grecia al comando del maggiore pilota Alexander von Winterfeldt. Questa modesta incursione, più che altro di disturbo, non ritardo l'intervento dei bombardieri in picchiata e dei cacciabombardieri dell'VIII Fliegerkorps, e gli attacchi degli aerei tedeschi cominciarono alle ore 06.00 del 29, quando sopraggiunse sulla Forza B una prima formazione di quattro bombardieri Ju. 88 del 1° Stormo Sperimentale.

Gli attacchi continuarono ad intervalli fino alle ore 15.00, quando la Forza B si trovava a 100 miglia da Alessandria. Nel frattempo i danni sulle navi britanniche erano stati considerevoli, a iniziare dalle 06.25 quando, con le unità del contrammiraglio Rawlings che si trovavano al centro del canale di Caso, si sviluppò un primo attacco da parte degli Ju. 87 del III./St.G.2, comandato dal capitano pilota Heinrich Brucker. Nel corso dell'attacco il cacciatorpediniere *Hereward*, che trasportava 450 soldati, dopo essere stato mancato di poco da una bomba che generò una forte concussione, fu colpito da un'altra bomba da 500 chili, esplosa nel locale caldaie generandovi un incendio e ustionando parecchi uomini i quali, presi dal panico, si precipitarono in coperta. Il comandante dell'*Hereward*, tenente di vascello William James Munn, fu costretto ad ordinare di ridurre la velocità della nave e a farla uscire dalla posizione ad essa assegnata nello schermo della Forza B. Nuovamente il contrammiraglio Rawlings si trovò di fronte ad una difficile decisione, ossia di attendere l'*Hereward*, per fornirgli assistenza, oppure lasciarlo indietro. Il Comandante della Forza B considerò che attendere significava esporre le sue navi e le truppe a bordo, ad altri pericoli. Vedendo l'*Hereward* che dirigeva verso la costa di Creta, distante soltanto 5 miglia, decise di continuare nella sua rotta. Durante l'allontanamento il cacciatorpediniere fu visto dirigere lentamente verso terra, sparando con tutti i pezzi, per difendersi dagli attacchi degli aerei nemici.

Essendo stata segnalata alle 06.00, presso Capo Sidero, una nave in avaria che poi era l'*Hereward*, il contrammiraglio Biancheri ordinò di far partire subito i sei Mas che si trovavano a Caso, e da Alinnia il cacciatorpediniere *Crispi* e la torpediniera *Aldebaran*. Lo scopo era di raggiungere quella nave britannica per dargli il colpo di grazia. Le partenze avvennero alle ore 07.00, ma subito dopo l'*Aldebaran* fu costretta a rientrare a Alinnia per avaria ad una macchina. Mentre i Mas, con i lanciasiluri tenuti pronti all'impiego, si avvicinavano all'*Hereward*, il cacciatorpediniere, che nel frattempo era stato nuovamente colpito dalle bombe degli Stuka, esplose ed affondò rapidamente, con grande delusione degli equipaggi italiani. Ai Mas e al cacciatorpediniere *Crispi* non restò che recuperare in mare i naufraghi dell'equipaggio e le truppe dell'*Hereward*, in tutto 229 uomini, che in parte si trovavano su battellini Carley o su zattere di fortuna.

Il cacciatorpediniere *Hereward*, che già colpito dagli aerei tedeschi ebbe il colpo di grazia dagli stessi, esplodendo prima che unità italiane, una squadriglia di sei Mas e il cacciatorpediniere *Crispi* raggiungessero una posizione d'attacco favorevole.

Alle 06.45 il cacciatorpediniere *Decoy* (capitano di fregata Eric George McGregor) segnalò che, a causa di colpi caduti nelle vicinanze, si era verificata una frattura alla base della turbina e danni al sistema di circolazione. Non potendo mantenere la velocità della formazione, il *Decoy* costrinse il contrammiraglio Rawlings a ordinarne la riduzione a 25 nodi. Poi, alle 0700, una bomba caduta in prossimità dell'incrociatore *Orion*, determinò un nuovo abbassamento della velocità, a 21 nodi. La Forza B si trovava ormai nelle condizioni di essere costretta ad aprirsi letteralmente la rotta con le armi, dovendo affrontare continue ondate di aerei tedeschi che arrivavano all'attacco, senza poter usufruire della prevista protezione aerea, poiche soltanto a mezzogiorno furono visti arrivare sul cielo delle sue navi due Fulmar dell'806° Squadron dell'Aviazione Navale, provenienti dalla base egiziana di Aboukir.

Nel frattempo il tormento delle navi continuava a manifestarsi, in maniera forse superiore a ogni previsione. Particolarmente micidiali continuarono a essere gli attacchi portati dagli Ju. 87 del I./St.G.1 e del III./St.G.2, concentrati a Scarpanto. Alle 07.35 fu nuovamente attaccato l'*Orion*, e l'aiutante di bandiera del Comandante la Forza B e comandante l'incrociatore, capitano di vascello Geoffrey Robert Bensly Back, fu colpito gravemente da una pallottola esplosiva di uno Ju. 87 e morì due ore più tardi. Lo stesso contrammiraglio Rawlings fu ferito, e il comando dell'*Orion* fu assunto dall'ufficiale in seconda dell'incrociatore, capitano di fregata Trethowan Campbell Trevedyn Wynne. Alle 08.15, nel corso di un altro attacco dei bombardieri in picchiata, il *Dido* (capitano di vascello Henry William Urquhart McCall), fu centrato da una bomba sulla torre B delle artiglierie, e alle 09.00, sempre per opera degli Ju. 87, l'*Orion* fu ancora colpito sulla torre A. Entrambi gli incrociatori ebbero quegli impianti prodieri da 152 mm fuori combattimento. Ma non era finita perché alle 10.50, trovandosi la malconcia Forza B a circa 100 miglia a sud di Caso, l'*Orion* fu nuovamente attaccato da undici Ju. 87. Una bomba, perforando la plancia e distruggendone la parte inferiore, andò a esplodere nella mensa dei fuochisti, e mise fuori uso anche la torretta più bassa.

Fu questo l'ultimo attacco effettuato dai gruppi degli Stuka, che ormai si trovavano al limite dell'autonomia e che persero, nel corso delle vittoriose azioni della giornata, un solo Ju. 87 della 2ª Squadriglia del I./St.G.1, abbattuto dal fuoco delle navi.

Le navi britanniche manovrano per allontanarsi dalle coste Creta. Sopra, attaccato dagli aerei tedeschi dell'VII Fliegerkorps, il *Perth* reagisce con tutte le armi.

Il *Perth* con le truppe imbarcate ammassate all'estrema poppa, seguito da un'unità del tipo "Dido".

A destra della foto, il capitano Fritz Lang uno dei piloti più rappresentativi del I./St.G.2. Durante la campagna di Creta, operando dall'aeroporto di Scarpanto dopo una parte del gruppo era stato distaccato per rinforzarvi il III./St.G.3, fu accreditato dell'affondamento di due cacciatorpediniere.

L'*Orion*, la cui situazione di danni era spaventosa, aveva a bordo circa 1.100 uomini di truppa e le loro perdite furono gravissime, soprattutto tra coloro che si trovavano negli affollati ponti inferiori dell'incrociatore. Tre ufficiali ingegneri restarono uccisi, e tutti i sistemi di comunicazione dell'*Orion*, tra il ponte di comando e il reparto macchine, furono distrutti. L'agghiaccio di rotta fu messo fuori uso, tre reparti caldaie restarono danneggiati, e in molti compartimenti mancò la corrente. Complessivamente le perdite umane furono di 262 uomini, tra cui 155 soldati e 107 marinai, mentre i feriti ammontarono a 280, inclusi 216 soldati e 64 marinai. L'incrociatore, in preda ad un incendio che però fu domato, rimase privo di governo fino a quando la barra del timone fu attivata mediante una catena di uomini, predisposta per passare gli ordini dal posto di comando di emergenza alla ruota del timone. A causa d'infiltrazioni di acqua di mare che si mischiò con la nafta, anche la velocità dell'*Orion* ne risentì. Tuttavia, marciando alternativamente fra i dodici e i venticinque nodi, l'incrociatore fu in grado di mantenere una velocità media di circa ventuno nodi che, considerando le sue condizioni, era di tutto rispetto.

La Forza B si trovava ancora lontano da Alessandria, distante 200 miglia, e quindi le rimaneva da percorrere una lunga e difficile navigazione, trovandosi entro il raggio d'azione dei bombardieri Ju. 88 dell'LG.1 e Do. 17 del KG.2, rispettivamente provenienti dagli aeroporti greci di Eleusis e di Tatoi, entrambi situati nei pressi di Atene, ciò che costringeva gli aerei a lunghissime navigazioni in mare aperto.

Dopo un intervallo dall'ultimo attacco degli Stuka che si prolungò fin verso le ore 13.00, e nel quale i due Fulmar dell'806° Squadron che scortavano la Forza B ritennero di aver abbattuto uno Ju. 88 che si stava avvicinando all'obiettivo, si sviluppò una pesante incursione in quota, seguita da un'altra alle 13.30, e quindi da un terzo attacco alle ore 15.00, quando le navi si trovavano a sole 100 miglia da Alessandria. Occorre dire che i due caccia, agendo in base agli ordini ricevuti, prolungarono la permanenza sulla Forza B fino al momento dell'esaurimento della benzina. A questo punto, mentre i piloti si lanciarono col paracadute per essere poi raccolti dai cacciatorpediniere, i Fulmar precipitarono in mare, perdita alquanto sbrigativa ed anche dispendiosa per la FAA.

Mentre gli Stuka tedeschi di Scarpanto conseguirono i loro successi, trasformando la rotta delle navi britanniche in un vero incubo, l'Aeronautica italiana dell'Egeo, che il precedente giorno precedente 28 aveva svolto 50 missioni, e disponeva ancora in efficienza di 23 bombardieri e 4 aerosiluranti, limitò la propria attività a compiti di ricognizione sulle rotte Canale di Caso – Alessandria, e di sorveglianza sulle forze dell'Esercito sbarcate a Creta, avvistando in due occasioni la Forza B con rotta sud nella esatta composizione (2 incrociatori e 5 cacciatorpediniere) ed anche i 4 cacciatorpediniere della Forza C, che stavano anch'essi rientrando ad Alessandria da Sphakia con a bordo 724 soldati. Nonostante i bersagli fossero allettanti, solo 5 bombardieri (2 S. 79 del 92° Gruppo e 3 Cant. Z. 1007 del 50°) furono inviati ad attaccare la Forza B, senza riuscire a rintracciarla.

La Forza B giunse ad Alessandria alle 20.00 del 29 maggio. L'incrociatore *Orion* arrivò in porto con soltanto una rimanenza di dieci tonnellate di combustibile, e avendo consumato quasi tutto il munizionamento, specialmente da 152 mm, restandogli di tale calibro soltanto due cariche. Dalle navi furono sbarcati 3.486 soldati. Ne mancavano all'appello 600, in parte catturati dagli italiani dopo l'affondamento del cacciatorpediniere *Hereward*. Su tre incrociatori e sei cacciatorpediniere inviati a recuperare la guarnigione di Heraklion, rientrarono mestamente in condizioni pietose i due incrociatori *Orion* e *Dido*, il terzo, l'*Ajax*, riportò danni inferiori, ma pur sempre considerevoli. Infine, due dei sei cacciatorpediniere, l'*Imperial* e l'*Hereward*, erano andati perduti durante la missione. Dal suo punto di vista il contrammiraglio Rawling elogiò il comportamento dei suoi uomini, in particolare dei comandanti delle navi che le avevano guidate *"in modo esemplare"*; ma nello stesso tempo molto si rammaricò per le perdite riportate.[67] All'arrivo delle navi assistette l'ammiraglio Cunningham che, salito a bordo dell'*Orion*, trovò Rawling esausto; ma quello che lo impressionò furono le condizioni dell'incrociatore, con le torri prodiere deformate, che *"offriva un terribile spettacolo e i locali di mensa erano teatro di un'orrenda strage"*.[68]

Nel frattempo, Con l'attenzione della Luftwaffe rivolta alla più sostanziosa Forza B, i quattro cacciatorpediniere della Forza C, trovandosi a transitare a sud di Creta, subirono un solo attacco in picchiata, alle ore 08.50 del 29 maggio, da parte di quattro Ju. 88 del II./LG.1, e una bomba, mancò di poco il *Nizzam* (capitano di corvetta M.J. Clark), che riportò alcuni danni superficiali, poi riparati in una settimana. A differenza di quanto era successo con le navi del contrammiraglio Rawling, le unità della Forza C, sfruttando la minore distanza che li separava dagli aeroporti egiziani, usufruirono di protezione aerea a iniziare dalle ore 05.45 con due pattuglie di tre caccia Hurricane del 274° Squadron, accompagnate, per guidarle nella navigazione in mare aperto, da un Maryland sudafricano e da un Blenheim del 45° Squadron. Gli uomini dei cacciatorpediniere ebbero la soddisfazione di veder precipitare un ricognitore Ju. 88 della 2.(F)/123, danneggiato dal Maryland

---

[67] G. H. Gill, *Royal Australian Navy 1939-1942*, cit., p. 356.
[68] A.B. Cunningham, *L'odissea di un marinaio*, cit., p. 252.

e poi abbattuto da un Hurricane. Il resto della traversata avvenne senza altri incidenti, e la Forza C arrivò ad Alessandria alle ore 17.00 del 29 maggio, dopo che si era svolto in un duello aereo, tra due caccia Tomahawks del 250° Squadron e un ricognitore italiano Cant Z. 1007 bis del 50 Gruppo Bombardieri, con capo equipaggio il ten. pil. Giancarlo Colombo. Nel corso del combattimento uno dei caccia della RAF fu abbattuto dai mitraglieri italiani, e il pilota, tenente A. Wilson, si salvò lanciandosi con il paracadute, per poi essere recuperato in mare da un idrovolante Sunderland.

Ecco come appariva l'*Orion* ad Alessandria il mattino del 30 maggio 1941, notare le devastazioni lungo tutto lo scafo e le sovrastrutture. L'incrociatore aveva raggiunto il porto alla velocità di dodici nodi dopo essere stato colpito dagli Ju 87 tedeschi a sud del Canale di Caso.

I britannici rimasero alquanto sorpresi nel dover constatare che l'evacuazione si fosse svolta senza reazione da parte tedesca, e ritennero che ciò fosse dovuto alla tenace resistenza dei loro reparti a un certo rilassamento delle truppe nemiche. In effetti, il villaggio di Sphakia fu raggiunto il mattino del 30 maggio dagli alpini del 100° Reggimento della 5ª Divisione da montagna (colonnello Willibald Utz), che però non poterono compiere lo sforzo finale per raggiungere la spiaggia dove si trovavano le truppe britanniche. V'influì la mancanza di appoggio dei bombardieri in picchiata, anche quel giorno intensamente impiegati contro le navi britanniche, e anche perché gli alpini, che mancando di mezzi di trasporto, dovevano portare armi e munizioni, e erano troppo stanchi, come d'altronde lo erano anche i loro avversari.

Il proseguimento dell'evacuazione britannica dalle spiagge di Sphakia

Dopo la drammatica esperienza del 28-29 maggio, il generale Wavell e i suoi colleghi comandanti del settore del Medio Oriente dovettero decidere, nonostante fossero sottoposti a continue pressioni politiche e militari provenienti da Londra, sino a quale punto occorreva insistere nel tentativo di evacuare le truppe britanniche da Creta. Tuttavia, soltanto dopo aver fatto un approfondito esame della situazione, ed essersi consultati col generale Wavell e con i responsabili dell'Ammiragliato, che da parte loro sentirono anche il parere dell'ammiraglio Cunningham, a Londra, anche per le continue pressioni che arrivavano dal Cairo dal Primo Ministro Aggiunto della Nuova Zelanda Peter Fraser, angosciato per la sorte che attendeva i suoi soldati e preoccupato per le ripercussioni in Patria, fu presa la decisione di continuare lo sgombero. Occorreva proseguire l'imbarco delle truppe sulle coste meridionali dell'isola, a Sphakia dove ancora moltissimi soldati britannici, tenendosi nascosti continuavano a resistere subendo, di giorno, continui bombardamenti.

Il Comando della Mediterranean Fleet, apprestandosi a fare il massimo sforzo, compilò rapidamente il nuovo piano di operazioni. Raschiando il classico fondo del barile per raccogliere le navi ancora in parte efficienti, alle 21.00 del 29 maggio la Forza D, comandata dal contrammiraglio King, prese il mare da Alessandria con gli incrociatori leggeri *Phoebe* e *Perth*, gli incrociatori contraerei *Calcutta* e *Coventry*, i cacciatorpediniere *Jervis, Janus* e *Hasty*, e la nave trasporto truppe per fanteria *Glengyle*.

Poiché, dalle dichiarazioni di ufficiali giunti ad Alessandria da Creta, appariva che la situazione britannica sull'isola fosse migliore di quella pessimistica che era stata presentata al Comando della Mediterranean Fleet, l'ammiraglio, Cunningham decise di mandare a Sphakia altri quattro cacciatorpediniere con il compito di imbarcare quanto più possibile di uomini durante la notte dal 30 al 31 maggio. Nel frattempo la Forza D del contrammiraglio King, continuava a procedere verso nord, percorrendo la rotta tra Alessandria e Sphakia in modo inaspettatamente tranquillo. Soltanto alle ore 10.03 del 29 maggio si ebbe l'attacco di un isolato Ju. 88 del II./LG.1, con capo equipaggio il ten. pil. Hans Sauer, che sgancio la sua salva di quattro bombe da duecentocinquanta chili vicino all'incrociatore *Perth*, la nave di comando di King, senza procurargli alcun danno.

Le navi della Forza D arrivarono a destinazione alle 23.30. Gli incrociatori *Phoebe*, il *Perth* e la LSI *Glengyle* gettarono l'ancora vicino alla spiaggia, mentre gli incrociatori contraerei *Calcutta* e *Coventri*, e i cacciatorpediniere *Jervis, Janus* e *Hasty* restarono ad incrociare al largo, pronti a respingere una qualsiasi minaccia si fosse presentata dalla parte del mare aperto. Il *Perth* trasportava due motozattere da sbarco che, assieme a quelle messe in mare dalla *Glengyle*, servirono in modo molto utile per l'imbarco delle truppe; e quindi, senza la necessità di far ricorso alle motobarche dei cacciatorpediniere, com'era avvenuto

L'incrociatore *Phoebe*, della classe "Dido", dall'imponente armamento principale a doppio uso, navale e contraereo, essendo armato con dieci cannoni da 133 mm. ripartiti in cinque torri binate, allineate tre a prora e due a poppa.

nella notte precedente, anche in considerazione del fatto che la rada in cui erano costretti a manovrare per prelevare gli uomini dalle spiagge risultava troppo grande. Alle 03.20 del 30 maggio la Forza D ultimò l'imbarco, e con 6.029 soldati che si ammassavano in tutti i ponti delle navi, iniziò la navigazione per il rientro ad Alessandria. Tre mezzi da sbarco furono lasciati a Sphakia per essere utilizzati nella notte dell'indomani, quando sarebbero arrivati i cacciatorpediniere *Stuart, Jaguar* e *Defender*.

Nel tentativo di menomare le forze aeree dell'Asse, nella notte fra il 29 e il 30 maggio la RAF. attaccò gli aeroporti di Rodi, con due Wellington del 70° Squadron, di Scarpanto con cinque Wellington del 37° Squadron, e di Maleme, dove si era trasferito un altro reparto di Stuka dell'VIII Fliegerkorps, con tre Wellington del 148° Squadron. L'unico modestissimo risultato delle incursioni dei bombardieri britannici fu il danneggiamento, a Scarpanto, di un aereo da caccia italiano Cr 42, mentre da parte britannica non rientrarono alle basi dell'Egitto tre velivoli. Di essi due Wellington precipitarono per una collisione verificatasi sul cielo di Scarpanto, ed il terzo fu abbattuto a Maleme dall'artiglieria contraerea tedesca (Flak).

Alle ore 06.45 del 30 maggio, i cacciatorpediniere *Stuart, Jaguar* e *Defender* raggiunsero la Forza D, e si aggregarono a essa per aumentarne la protezione contraerea. Durante la traversata verso Alessandria si svilupparono tre attacchi aerei, e duelli si svolsero in cielo, tra velivoli tedeschi e caccia Hurricane della RAF degli Squadroni 73° e 274° e del 1° Squadron sudafricano. Il solo 274° Squadron effettuò nel corso della giornata trenta missioni, e operò con i suoi Hurricane, che erano forniti di serbatoi supplementari, volando in sezioni ciascuna delle quali era accompagnata, per la guida di navigazione dei caccia monomotori in mare aperto, da un Blenheim e da un Beaufighter. Il risaltato di quest'opera di vigilanza sulle navi fu rappresentato dall'abbattimento di tre aerei tedeschi: un Do. 17 del I./KG.2, un He. 111 del II./KG.26, uno Ju. 88 della 4ª Squadriglia del 121° Gruppo Ricognizione Strategica 4.(F)/121, di base a Salonicco.

Quanto alle navi della Forza D, esse si accreditarono, con il loro fuoco di sbarramento contraereo, il danneggiamento di uno Ju. 88. Si trattava pur sempre di una modesta consolazione, perché nel primo attacco aereo, che si sviluppò alle ore 0930 da parte di due Ju. 88 del I./LG.1, l'incrociatore *Perth* (capitano di vascello Philip Weyland Bowyer-Smith) fu colpito da una bomba, sganciata da un velivolo della 2ª Squadriglia con capo equipaggio il tenente pilota Iro Ilk. Il reparto caldaie prodiere del *Perth* fu messo fuori uso, e tredici uomini, inclusi sette soldati, restarono uccisi. Si svilupparono poi altri due attacchi, dei quali il più minaccioso avvenne a mezzogiorno da parte di sei Ju. 88 del II./LG.1, le cui bombe sganciate in picchiata caddero molto vicine agli scafi del *Perth* e del cacciatorpediniere *Jaguar*.

L'incrociatore australiano *Perth* nella mimetizzazione dei primi mesi del 1941 in navigazione nel Mediterraneo.

Mentre le navi della Forza D stavano dirigendo a sud verso Alessandria, un altro movimento navale si stava svolgendo con rotta opposta. Erano i quattro cacciatorpediniere della Forza C, *Napier* (capitano di vascello Stephen Harry Tolson Arliss), *Nizam*, *Kelvin*, e *Kandahar*, partiti da Alessandria alle ore 09.15 del 30 maggio con il compito di imbarcare a Sphakia altre truppe da evacuare da Creta, come aveva stabilito l'ammiraglio Cunningham informandone Londra. Ma la navigazione di queste navi fu alquanto tormentata. Alle 12.45 sul *Kandahar* si verificò un guasto ai motori, e il grosso cacciatorpediniere di squadra ricevette l'ordine di rientrare ad Alessandria. Poi, alle 15.30, con le navi che si trovavano a nord di Marsa Matruch, tre Ju. 88 del II./LG.1, guidati dal comandante della 4ª Squadriglia capitano pilota Joachim Helbig, effettuarono un inaspettato bombardamento in picchiata causando danni al *Kelvin* (capitano di fregata John Hamilton Allison) che, per l'esplosione delle bombe vicino allo scafo, ridusse la velocità a venti nodi. Il comandante Arliss ordinò al *Kelvin* di rientrare ad Alessandria, e ne conseguì la riduzione della Forza C a due soli cacciatorpediniere. Conseguentemente il *Napier* e il *Nizam* (capitano di corvetta Max Joshua Clarck Max) proseguirono da soli e arrivarono al largo Sphakia alle ore 00.30 del 31 maggio. Per l'imbarco delle truppe, che iniziò immediatamente, furono impiegati, oltre alle scialuppe in dotazione ai cacciatorpediniere, anche i tre mezzi da sbarco che erano stati lasciati sul posto la notte precedente. Furono prese a bordo le truppe di tutto il contingente di 1.403 uomini, che era stato originariamente previsto per l'imbarco sugli originali quattro cacciatorpediniere della Forza C, e ciò fu considerato dall'ammiraglio Cunningham *"veramente un bel risultato"*.[69]

Nella rotta del rientro era stata assicurata alla Forza C la protezione degli aerei da caccia di base in Egitto, che effettuarono nel corso della giornata cinquantotto missioni. Nei combattimenti con gli aerei tedeschi uno Ju. 88 del II./LG.1 fu danneggiato e costretto ad effettuare un atterraggio forzato ad Heraklion, mentre un Hurricane del 274° Squadron fu abbattuto. Anche i cacciatorpediniere della Forza C non restarono indenni, poiché in un improvviso attacco, che ebbe inizio alle 08.50 da parte di circa dodici Ju. 88 del I./LG.1, una

---

[69] A.B. Cunningham, *L'odissea di un marinaio*, cit., p. 255.

bomba caduta vicino al *Napier* gli causò danni ai reparti macchine e caldaie, con conseguente riduzione della velocità a ventitré nodi. Il *Napier* e il *Nizam* arrivarono ad Alessandria alle 19.00 del 31 maggio.

Il tenente Iro Ilk della 2./LG.1, al posto di guida del suo Ju. 88. Il 30 maggio una delle sue bombe procurò gravi danni all'incrociatore australiano *Perth* che con la Forza C rientrava da Creta ad Alessandria carico di soldati.

Il cacciatorpediniere australiano *Napier*

Il cacciatorpediniere australiano *Nizam*, fotografato da un aereo mentre procede con mare mosso.

31 maggio 1941. Soldati neozelandesi del 19° Battaglione evacuati da Creta trasportati da un cacciatorpediniere australiano, il *Nizam* o il *Napier*, in rotta verso l'Egitto.

Pur vedendo le condizioni in cui si trovava il *Napier*, che era un'altra nave della Mediterranean Fleet ad essere messa fuori combattimento, l'ammiraglio Cunningham non si dette ancora per vinto nel voler continuare l'evacuazione di Creta, e ne spiegò il motivo scrivendo: "*Ben sapendo quale fosse lo sforzo cui erano sottoposti i marinai imbarcati ero molto depresso nel contare le loro perdite. Tuttavia non c'era altro da fare che continuare*".[70] Nel prendere le sue decisioni, Cunningham era anche vincolato agli ordini che arrivavano dall'Ammiragliato britannico, e nei giorni 30 e 31 maggio egli ebbe ampi scambi di messaggi con il Primo Lord del Mare. In particolare, il 30 maggio, telegrafando all'ammiraglio Pound il Comandante della Mediterranean Fleet si mostrò sempre più preoccupato per le conseguenze degli attacchi aerei tedeschi che, portati sulla flotta da formazioni di dieci – venti aerei simultaneamente, non concedevano alle navi in formazione di contrastarli adeguatamente con il fuoco contraereo.

Fino a quel momento, dovendo operare anche a distanze di soli 30 – 40 chilometri dagli aeroporti nemici, le perdite e i danni erano state per le unità della flotta molto forti. Le corazzate *Warspite* e *Barham* e la portaerei *Formidabile* erano fuori servizio per alcuni mesi, gli incrociatori *Orion* e *Dido* si trovavano in terribili condizioni di devastazione, e il *Perth* e molti cacciatorpediniere non erano in grado di operare, e diversi di essi lo sarebbero stati per parecchio tempo. Per non parlare poi della perdita degli incrociatori *Gloucester* e del *Fiji*, e dell'immobilizzato *York* che i britannici furono costretti ad abbandonare a Suda, dopo averlo sabotato. Anche le perdite umane erano state altissime, essendo deceduti circa 2.000 uomini. E tutto questo, senza aver inflitto gravi perdite al nemico.

Nel frattempo però nuove pressioni per portare via da Creta quanti più soldati neozelandesi fosse stato possibilem, arrivavano all'ammiraglio Cunningham e al generale Wavell dal Primo Ministro Aggiunto della Nuova Zelanda, signor Fraser, che richiedeva di fare un ulteriore possibile sforzo per portare via da Creta i soldati neozelandesi mandando altre navi a Sphakia. Cunningham, rispose che le sue risorse di navi erano molto limitate e che pertanto non poteva fare molto per risolvere la situazione, ed offri di effettuare un nuovo tentativo con l'incrociatore *Phoebe* che, pur essendo stato bombardato ma non colpito, stava rientrando ad Alessandria completamente carico di uomini portati via dall'isola, incluso il personale medico e tutte le infermiere. Cunningham, sollevando il morale di Fraser, fece sapere che si riprometteva di rimandare in mare quella nave, dopo lo sbarco degli uomini che trasportava.

Nella notte del 30 maggio l'ammiraglio Cunningham si recò a bordo del *Phoebe* per dare al comandante dell'incrociatore, capitano di vascello Guy Grantham, le istruzioni necessarie affinché tornasse subito a Sphakia, con lo scopo di tentare di salvare quanti più uomini fosse stato possibile imbarcare sulla nave. In tal modo, aggiungendo alla missione del *Phoebe* anche il posamine veloce *Abdiel* e tre cacciatorpediniere, fu possibile evitare ad altri 3.000 soldati di finire nei campi di concentramento tedeschi.

L'ultima missione della Mediterranean Fleet per l'evacuazione di Creta

Durante la notte dal 30 al 31 maggio il generale Wavell ordinò al generale Freyberg di abbandonare Sphakia e rientrare in Egitto. Analoghe istruzioni furono inviate dall'ammiraglio Cunningham al capitano di vascello John Anthony Vere Morse. In tal modo le due maggiori personalità dell'Esercito e della Marina britannica a Creta lasciarono l'isola a

---

[70] *Ibidem* p. 255.

bordo di due idrovolanti Sunderland degli Squadron 228° e 230°, sui quali presero posto altri ufficiali superiori.

Alle 06.00 del 31 maggio il contrammiraglio King, imbarcato sull'incrociatore *Phoebe*, salpò da Alessandria per eseguire l'ultima missione d'evacuazione da Sphakia (dove si trovavano ancora circa 6.500 uomini), con una piccola formazione navale, denominata Forza C, che comprendeva il posamine veloce *Abdiel* e i cacciatorpediniere *Kimberley*, *Hotspur* e *Jackal*, che erano tutte le navi rimaste disponibili per svolgere l'operazione di salvataggio.

Nel pomeriggio, durante la traversata verso Sphakia, la Forza C del contrammiraglio King fu attaccata da velivoli tedeschi del I. e del II./LG1 in tre occasioni. Nessuna delle bombe sganciate in picchiata dagli aerei cadde vicino alle navi, e i cannonieri di queste ultime ritennero di aver danneggiato uno Ju. 88. Si trattava di un velivolo del II./LG.1 che fu costretto ad effettuare un atterraggio forzato ad Heraklion, sfasciandosi al 50%. Poiché le bombe furono sganciate con una certa cautela, molto lontane dalle navi, ciò fu interpretato come un successo dell'attiva vigilanza esercitata, a sud di Creta, dai Maryland e Blenheim della RAF, subentrati agli Hurricane che erano al limite dell'autonomia. La Forza C arrivò a Sphakia alle ore 23.20 del 31 maggio. I tre mezzi da sbarco lasciati sul posto durante la precedente operazione d'imbarco, si trovavano già carichi di soldati e immediatamente si portarono presso le navi, facendo guadagnare in tal modo circa quaranta minuti di tempo. L'operazione si svolse molto rapidamente, ma nel frattempo nella spiaggia sgombra delle truppe, tutte accolte sulle navi, arrivarono per imbarcarsi, altri soldati non attesi che si diressero in disordine verso le scialuppe, e in parte furono respinti e lasciati a terra.

Prima di riprendere il largo, con i ponti carichi di gente, poiché erano stati imbarcati 3.710 uomini, le navi di King scaricarono provviste e medicinali per gli sfortunati che dovevano restare a Creta. Quindi avvicinandosi il momento della partenza della Forza C, fu ordinato di affondare o inutilizzare i tre utilissimi mezzi da sbarco, per non lasciarli catturare dai tedeschi. Le navi britanniche salparono in orario, alle 03.30 del 1° giugno, e nel frattempo, a bordo di un idrovolante Sunderland del 230° Squadron della RAF, cui s'imbarcarono cinquantaquattro uomini, lasciava Sphakia il maggior generale Weston, che obbediva all'ordine pervenutogli dal generale Wavell. Prima di decollare, Weston consegnò al tenente colonnello T.G. Walzer – ufficiale australiano più anziano in grado tra gli ufficiali britannici rimasti a Creta – gli ordini scritti per concordare la resa con i tedeschi.

Tra gli uomini che con dolore erano lasciati sull'isola, per andare incontro a una lunga prigionia, si trovavano coloro che avevano preso parte ad una lodevole azione di retroguardia, e il cui comportamento combattivo aveva reso possibile agli altri di tornare in Egitto. Rimasero a Creta molti uomini delle Truppe dei Servizi Speciali (Commandos), che erano stati sbarcati a Creta come ultimo rinforzo, i soldati di un battaglione australiano, parecchi marinai, e ben 1.000 dei 2.000 Royal Marines che erano stati impegnati nei combattimenti. Perdite altrettanto dolorose si erano verificate nelle piccole navi che svolgevano a Creta servizio locale di difesa. Al momento in cui ebbe inizio l'evacuazione, tutte quelle rimaste efficienti ricevettero l'ordine di raggiungere i porti egiziani; ma vi riuscirono soltanto i whaler *Kos 21* e *Lanner* e la motolancia adibita al draggaggio *HDML 1032*. Di tutte le altre navi, il dragamine di squadra *Widnes*, il whaler *Kos 22* e il mezzo da sbarco per carri armati *A 16*, trovandosi danneggiate nella baia di Suda, furono distrutte o portate ad arenare. Furono invece affondate dagli aerei tedeschi, durante il tentativo di traversata per raggiungere Alessandria, la motolancia *HDML 1030*, il whaler *Kos 23* e il trawler *Syvern*, mentre a sorte sconosciuta andarono incontro i mezzi da sbarco per carri armati *A 6* e *A 20*. Infine, il 28 maggio, furono affondati dagli aerei tedeschi i piroscafi greci *Aghia Kyriaki* e *Georgos*, quest'ultimo a Candia.

Da parte della RAF, nell'intendimento di causare al nemico il massimo dei danni permessi dalla scarsa quantità di mezzi aerei, nella notte tra il 30 e il 31 maggio furono attaccati gli aeroporti di Heraklion e Maleme con undici bombardieri Wellington del 38° e 148°Squadron, colpendo al suolo cinque velivoli da trasporto Ju. 52, uno dei quali del KGrzb V 172 andò distrutto. Contemporaneamente altri Wellington attaccarono il porto del Pireo, ove erano ammassati gran parte dei mezzi navali tedeschi adibiti al rifornimento di Creta. Sempre al Pireo, quello stesso giorno 30 si sviluppò un incendio, per cause non accertate, sul piroscafo bulgaro *Knyaguinya Maria Luisa*. Questa nave, essendo carica di munizioni, esplose mentre era rimorchiata verso l'entrata dal porto, ed affondò assieme al piroscafo rumeno *Jiul*, al piroscafo germanico *Alicante*, e al motoveliero italiano *Albatros* noleggiato dai tedeschi. Vi furono circa 200 morti. Proseguendo le azioni di bombardamento, nella notte sul 1° giugno sei Wellington del 37° Squadron e quattro del 70°, tornarono nuovamente a colpire gli aeroporti di Heraklion e Maleme, ove continuavano ad affluire gli aerei da trasporto Ju. 52 e vi si erano dislocati squadriglie di aerei da caccia della Luftwaffe.

Tornando alla navigazione di rientro delle navi dell'ammiraglio King, era stato disposto, per aumentarne la protezione durante la giornata del 1° giugno, di mandargli incontro gli incrociatori contraerei *Calcutta* e *Coventry*, che salparono da Alessandria nelle prime ore del mattino. Inizialmente tutto andò bene, ma poi, cominciarono le preoccupazioni, derivanti dalla presenza di aerei tedeschi del 1° Stormo Sperimentale che si avvicinavano alle navi. Ciò avveniva dopo che uno Ju.88 del III./LG.1 del Fliegerführer Africa, con capo equipaggio il tenenete pilota Gerhard Richter, decollato da Derna per svolgere una missione di ricognizione, aveva avvistato e segnalato i due piccoli incrociatori.

L'incrociatore contraereo *Calcutta* che fu affondato il 1° giugno dalle bombe sganciate dallo Ju 88 del tenente pilota Hans Sauer della 4/LG.1.

L'incrociatore contraereo *Coventry*, gemnello del *Calcutta*, che fu contemporaneamente attaccato, senza successo, dallo Ju 88 del capitano pilota Joachim Helbig, comandante della 4/LG.1. Verrà affondato il 14 settembre 1942 a nord di Marsa Matruch dagli Ju. 88 del I./LG.1 guidati dallo stesso Helbig, che ne era diventato il comandante.

Da sinistra i tenenti Hans Sauer, affondatore del *Calcutta*, e Joachim Helbig. Per la loro eccezionale attività di guerra sarebbero stati insigniti con le fronde di quercia e spade sulla croce di cavaliere.

A sinistra, il comandante del 1° Stormo Sperimentale, (LG.1) colonnello Friedrich Karl Knust, scambia il saluto con il tenente Joachim Helbig comandante della 4/LG.1. L'immagine, ripresa a Eleusis, è del 30 agosto 1941.

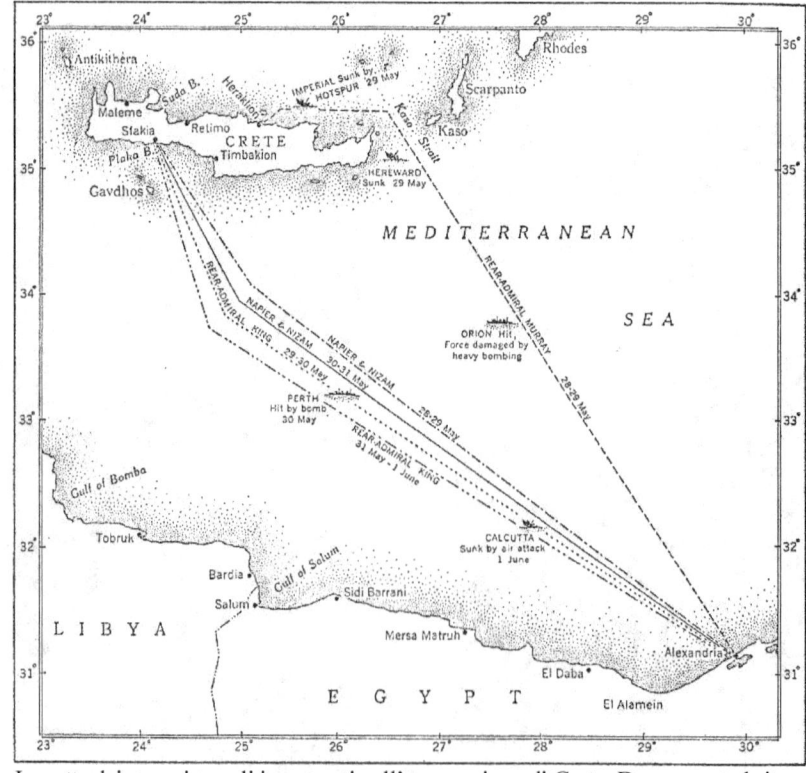

Le rotte dei gruppi navali impegnati nell'evacuazione di Creta. Da una carta britannica. Da G. Hermon Gill, *Royal Australian Navy 1939-1942*, p. 358.

Una prima piccola formazione di tre Ju. 88 del I./LG.1 che si apprestava ad attaccare quelle navi, fu impegnata e respinta alle 07.15 dalla scorta aerea, in quel momento costituita da tre caccia Beaufighter. Poi, alle 09.00, il radar degli incrociatori percepì altri velivoli che si avvicinavano da nord, e alle 09.17 il *Calcutta* e il *Coventry* lanciarono in aria i segnali rossi (very) di avvistamento. Fu aperto il fuoco di sbarramento con i cannoni creando una barriera *"contro sole"*; ciò fu considerato dall'ammiraglio Cunningham *"un guaio"*, perché, cinque minuti più tardi permise a due Ju. 88 della 4ª Squadriglia del II./LG.1, decollati da Eleusis, di sbucare in picchiata *"dalla direzione del sole"*, puntando sugli incrociatori in modo da ripartirsi i bersagli. Una salva di quattro bombe, sganciate dal primo velivolo, quello del comandante del reparto cap. pil. Joachim Helbig, per pochi metri mancò il *Conventry* (capitano di vascello William Power Carne). Invece, due bombe sganciate dal secondo Ju. 88, con capo equipaggio il tenente pilota Hans Sauer, colpirono in pieno il *Calcutta* (capitano di vascello Dennis Marescaux Lees), causandone l'affondamento, che si svolse nello spazio di pochi minuti a 85 miglia a nord di Alessandria. Con l'incrociatore andarono perduti 117 uomini, mentre i feriti furono 40.[71]

Fu questa l'ultima perdita della Mediterranean Fleet durante la campagna di Creta, e ciò generò il rammarico dell'ammiraglio Cunningham, anche perché il *Calcutta*, che aveva una lunga attività bellica, era allora, assieme al Coventry, l'unico incrociatore contraereo della flotta ad essere equipaggiato con il radar. Il *Coventry* raccolse in mare 255 uomini superstiti del *Calcutta*, inclusi 23 ufficiali, e quindi rientrò ad Alessandria, precedendovi la Forza C del contrammiraglio King che vi arrivò alle ore 17.00 del 1° giugno, dopo una navigazione, questa volta, alquanto tranquilla.

***

A Creta, dopo l'ultima missione di evacuazione, restavano ancora circa 7.500 uomini, ma per portarli via sarebbe stato necessario fare un altro grande sforzo, che la Mediterranean Fleet, dopo l'affondamento dell'incrociatore contraereo *Calcutta*, non era in grado di affrontare. All'Ammiraglio Pound, che lo invitava a continuare l'evacuazione con un ultimo tentativo, l'ammiraglio Cunningham dovette rispondere negativamente, non avendo le navi efficienti per farlo, essendo ormai limitate alle due navi da battaglia *Queen Elizabeth* e *Valiant* a nove cacciatorpediniere e all'incrociatore *Phoebe*. I rimanenti incrociatori e cacciatorpediniere necessitavano di lavori di riassetto, e il contrammiraglio King, che stava rientrando da Creta carico di truppe, non sarebbe potuto partire per una nuova missione di evacuazione prima delle ore 18.00 del 1° giugno; e ciò significava dover riprendere il mare senza un minuto di riposo, e con il risultato di trovarsi esposto il giorno seguente, per quindici ore, agli attacchi aerei senza disporre di un'adeguata protezione di caccia, in una zona lontana dagli aeroporti egiziani. Cunningham mostrò al Primo Lord del Mare la sua riluttanza e il suo dolore per dover prendere una drastica decisione. Tuttavia, egli disse all'ammiraglio Pound che non conveniva rischiare altre perdite navali, soprattutto a causa della situazione che si stava evolvendo pericolosamente sui fronti terrestri del Medio Oriente, al confine della Cirenaica e in Siria.

Col rientro ad Alessandria delle navi dell'ammiraglio King, alle 20.31 del 1° giugno Cunningham riferì all'Ammiragliato britannico che l'operazione di evacuazione era

---

[71] P. Taghon, *Die Geschichte des Lehrgeschwaders 1*, cit., p. 248.

terminata. Erano stati portati via circa 17.000 uomini, e altri 500 erano andati perduti sulle navi. Anche la battaglia di Creta era terminata e la Flotta del Mediterraneo poteva vantarsi di avervi partecipato attivamente e in modo ammirevole, pagando uno scotto terribile, anche sotto il profilo umano, poiché decedettero 2.011 uomini, tra cui 108 ufficiali. La Royal Air Force aveva fornito alle navi tutta la modesta protezione che era stato possibile accordare, ed aveva operato con i suoi velivoli fino al limite massimo dell'autonomia. Mentre le truppe dell'Esercito combattevano a Creta, la flotta aveva sbarcato rinforzi, ed anche agito offensivamente nell'Egeo per impedire al nemico di alimentare dal mare le sue forze sbarcate sull'isola. Quindi al momento di abbandonare Creta, la Mediterranean Fleet si era dedicata intensamente ad evacuare gli uomini e a portare razioni di viveri e altri generi di prima necessità ai soldati che, necessariamente, erano costretti a restare sull'isola.

L'arrivo ad Alessandria delle truppe britanniche evacuate da Suda trasportate da un cacciatorpediniere. A destra: sbarcano, da un incrociatore, anche donne e bambini di famiglie britanniche che si trovavano a Creta.

Le perdite navali riportate nel breve spazio di undici giorni ammontavano all'affondamento di quattro incrociatori (*Gloucester, Fiji, York, Calcutta*) e sei cacciatorpediniere affondati (*Juno, Greyhound, Kashimir, Kelly, Imperial, Hereward*), e al danneggiamento di tre corazzate (*Warspite, Valiant, Barham*), una portaerei (*Formidable*), cinque incrociatori (*Orion, Dido, Perth, Naiad, Carlisle*) e sette cacciatorpediniere (*Kipling, Decoy, Kelvin, Nubian, Havock, Kingston, Nizam*), che in gran parte avevano riportato danni non riparabili ad Alessandria. Pertanto, l'ammiraglio Cunningham scrisse nel suo libro autobiografico: "*In condizioni normali, perdite del genere si sarebbero avute nel corso di una grande azione navale, durante la quale il nemico avrebbe riportato perdite maggiori delle nostre... In queste circostanze la Flotta nemica non fece nessuna apparizione (benché ne avesse avuta più volte l'opportunità) e la battaglia fu praticamente combattuta tra navi ed aeroplani*".[72]

Il 2 giugno Cunningham ricevette dal generale Wavell un messaggio personale, che fu comunicato a tutto il personale della flotta, in cui il Comandante in Capo del Medio Oriente ringraziava la Marina per lo splendido sforzo compito "*nello sgombero delle truppe a*

---

[72] A.B. Cunningham, *L'odissea di un marinaio*, cit., p. 258 sg.

Creta".[73] Nella sua relazione, Cunningham espresse il suo compiacimento per come si erano comportati i contrammiragli Rawlings e King e il capitano di vascello Arliss; ed elogiò anche la fattiva collaborazione ricevuta dal maggior generale Evetts e dal comandante Pelly, aggregati al suo Comando durante il periodo dell'evacuazione.

Nella sua autobiografia Cunningham ha esposto il dubbio che la perdita di Creta fosse stata tanto grave, come allora appariva; anche perché, per mantenerne il possesso, sarebbe stato necessario difenderla, ponendo alla Marina difficilissimi problemi per rifornire l'isola di armi, di mezzi, di uomini e di viveri. Un compito che avrebbe causato una grande falcidia di navi, perché tutti porti atti allo sbarco di rifornimenti si trovavano sulla costa settentrionale dell'isola, a portata dagli aeroporti nemici, e quindi da usare soltanto nelle ore notturne. Inoltre, sarebbe stato necessario alla RAF di mantenere a Creta considerevoli forze aeree, e ciò avrebbe comportato la costruzione di nuovi aeroporti, e la necessità, per la Marina, di trasportarvi tutti gli equipaggiamenti e i rifornimenti addizionali.

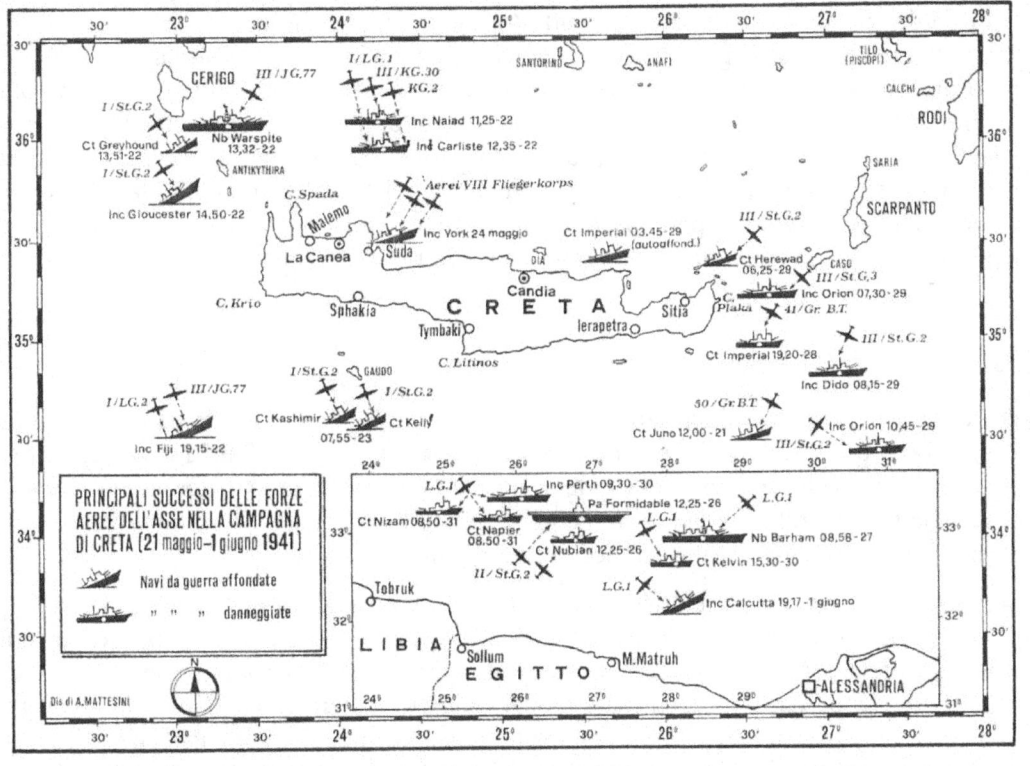

Questo ragionamento ipotetico di Cunningham non è però condivisibile, perché il possesso di Creta sarebbe rimasto fondamentale ai britannici per mantenere il pieno controllo del Mediterraneo orientale. In particolare per l'appoggio aereo che Creta era in grado di fornire alle navi, avrebbe evitato alla Mediterranean Fleet di riportare forti perdite per gli attacchi del X Fliegerkorps, che a iniziare dal giugno del 1941, potendo contare su una massa iniziale di 365 aerei, fecero dell'isola il trampolino di lancio per agire contro porti e convogli britannici nel Mar del Levante, sulle rotte per Tobruk e Malta, e per sostenere il

---

[73] *Ibidem*, p. 258-259.

fronte terrestre in Cirenaica e in Egitto. Cunningham era troppo intelligente per non rendersene conto, e arrivò poi alla conclusione che *"il possesso di Creta avrebbe alleviato gran parte delle difficoltà per rifornire Malta nel periodo critico che stava avvicinandosi"*. Il possesso di Creta da parte della Luftwaffe rese *"costoso e rischioso il mantenimento di Malta da Est"*, perché gli aerei tedeschi, partendo da quella grande isola dell'Egeo, erano in grado di operare proprio sul fianco dei convogli britannici.[74]

Ha scritto Churchill nelle sue memorie che, dopo la battaglia per il possesso di Creta, la situazione navale risentiva in modo grave delle perdite riportate dalla Mediterranean Fleet. Per ristabilire l'equilibro con la flotta italiana, che dopo la battaglia di Capo Matapan del 28 marzo 1941 era stata costretta a restare confinata nei suoi porti, ma che ora poteva approfittare della situazione favorevole, occorreva inviare immediati rinforzi. Si offriva agli italiani la migliore occasione per prendere il controllo del Mediterraneo orientale ma, specifico Churchill, *"Non potevamo dire se essi non l'avrebbero colta"*.[75]

In effetti, i responsabili italiani, soprattutto quelli navali, che erano sempre prudenti e incerti nel prendere una logica decisione, non seppero approfittarne. Oltre a non voler correre rischi operando in acque lontane dalle proprie basi, fuori del limite di autonomia di 100 miglia dei caccia di scorta, continuarono a sottovalutare il loro potenziale navale offensivo, nei confronti di quello, ben più modesto, rimasto disponibile alla Mediterranean Fleet. La possibilità di affrontare la flotta britannica nel Mediterraneo orientale fu sempre prudentemente evitata da Supermarina, anche quando il nemico si trovava in mare con un rapporto di forze che era nettamente favorevole alla flotta italiana.

Il bilancio delle perdite.

Le cifre delle perdite belliche fornite dagli studiosi di carattere militare, su un determinato episodio bellico, sono spesso discordanti perché estratte da fonti militari a volte di natura lacunosa o che contengono elementi di valutazione alquanto differenti. Comunque, per la battaglia di Creta, e alla luce delle ultime ricerche degli storici britannici e tedeschi, sembra si possano ragionevolmente fornire i seguenti dati:

Perdite tedesche. I paracadutisti ebbero il 50% delle perdite, ossia 1915 morti, 1.759 dispersi (e quindi da ritenere deceduti) e 1.632 feriti, su un totale di 8.100 uomini fatti scendere a Creta con paracadute o con alianti. Le perdite dei reparti dell'Esercito, in particolare delle truppe da montagna della 5ª e 6ª Divisione, pari a 6.468 uomini impiegati, furono costituite, secondo quanto riportato all'epoca da un documento ufficiale tedesco, da 327 morti, 587 dispersi e 523 feriti, per un totale di 1.438 uomini.

Tra il 20 e il 31 maggio 1941 gli aerei da trasporto dell'XI Fliegerkorps, percorrendo mezzo milione di miglia, portarono a Creta 23.464 uomini, 5.348 mezzi di trasporto, 539 cannoni, 711 motociclette e 1.000.000 di chilogrammi di rifornimenti, e tornarono in Grecia portandovi 3.173 feriti. In questa considerevole impresa furono impiegati 650 Ju.52, dei quali 151 andarono distrutti, assieme a 70 alianti DFS, e 120 danneggiati quasi tutti per incidenti negli atterraggi e decolli, mentre le perdite di vite umane furono 185. E ciò

---

[74] *Ibidem*, p. 262.
[75] W. Churchill, *La Germania punta a oriente*, cit., p. 346.

dimostra la misura della determinazione dei tedeschi nel portare a Creta le truppe a qualsiasi costo.

Le perdite dell'VIII Fliegerkorps furono considerate in 33 velivoli, dei quali 17 caccia, 16 bombardieri, di cui 7 in picchiata, e fra il personale di volo si ebbero 107 morti (inclusi 78 dispersi) e 43 feriti. Queste cifre ufficiali sono però imprecise, poiché, riguardo ai soli bombardieri, i dati in nostro possesso ci forniscono perdite ben differenti. Per fare degli esempi sui reparti da bombardamento, occorre dire che lo stormo LG.1 perse da solo ben 8 velivoli Ju. 88 e il gruppo II./KG.26 quattro He. 111, lo Stormo St.G.2 sette Ju. 87.

Quanto alle perdite umane italiane, esse non superarono la dozzina. I danni maggiori furono riportati dalle navi della Marina, che ebbe danneggiate due torpediniere e un cacciatorpediniere. Circa l'Aeronautica dell'Egeo, nel corso delle operazioni perse due velivoli, un caccia e un ricognitore, mentre due bombardieri, atterrando in Turchia, vi furono internati.

Perdite britanniche. Dei circa 32.000 militari dell'Impero britannico presenti a Creta, 18.000 poterono essere evacuati, mentre 1.742 furono i caduti, 2.225 i feriti e 17.509 i prigionieri (12.254 britannici e 5.255 greci). Secondo lo storico Playfair, i caduti della Royal Navy furono 1.828, i feriti 183 e i prigionieri circa 300. Tra il 19 maggio e il 1° Giugno si svolsero da parte dell'Asse 272 attacchi aerei contro le navi in mare.

Gli aerei tedeschi affondarono 3 incrociatori (oltre allo *York* ripetutamente colpito da bombe e sabotato a Suda), 4 cacciatorpediniere e 15 unità minori, e danneggiarono gravemente le corazzate *Warspite* e *Barham*, la portaerei *Formidable*, 4 incrociatori e 2 cacciatorpediniere, che restarono fuori combattimento per alcuni mesi, mentre altri 2 incrociatori e 5 cacciatorpediniere richiesero lavori per alcune settimane. Dopo un tale salasso, cui si aggiungeva la perdita dei cacciatorpediniere *Juno* e *Imperial* per opera dei velivoli da bombardamento dell'Aeronautica italiana dell'Egeo, restarono disponibili all'ammiraglio Cunningham soltanto 2 corazzate, 3 incrociatori, uno dei quali contraereo, e 17 cacciatorpediniere.

La Royal Air Force perse 38 aerei, di cui 33 in combattimento (e 257 effettivi su un totale di 618); la Fleet Air Arm ne perse 33, di cui 21 in combattimento.

L'incrociatore *York* incagliato e semidistrutto nella Baia di Suda, dopo essere stato colpito, il 26 marzo 1941, da un barchino d'assalto della X Flotmas e successivamente in più occasioni dagli aerei tedeschi.

Le devastazioni della torre prodiera di grosso calibro (203v mm) dello *York*. La Marina germanica avrebbe voluto recuperare l'incrociatore, ma i danni erano troppo gravi e dovette rinunciarvi

L'incrociatore *York* incagliato e semidistrutto nella Baia di Suda, dopo essere stato colpito, il 26 marzo 1941, da un barchino d'assalto della X Flotmas e successivamente in più occasioni dagli aerei tedeschi.

Conclusioni

La conquista di Creta, portata a termine dai tedeschi il 1° giugno – e quindi in soli dodici giorni rispetto alle tre settimane che erano state previste da Hitler il 22 maggio parlando con l'Ambasciatore d'Italia a Berlino Vittorio Alfieri – rappresentò indubbiamente una grande vittoria della Luftwaffe, che sopperendo con la propria potenza alla debolezza navale dell'Asse nelle acque dell'isola letteralmente decimò la Mediterranean Fleet. Con il grave danneggiamento della *Formidable* particolarmente sentita fu da questo momento la mancanza di una nave portaerei, che per le esigenze nell'Oceano Indiano contro i giapponesi e per non sguarnire di portaerei la Home Fleet e la Forza H di Gibilterra, si prolungò nel Mediterraneo centro-orientale fino alla fine di giugno del 1943, senza che la Marina italiana, certamente mal servita dal suo servizio informazioni ma soprattutto dipendente dall'eccessiva prudenza dei suoi Capi, sempre portati a sopravvalutare le possibilità del nemico, cercasse di approfittarne.

La timidezza di Supermarina, nel prendere decisioni che comportassero di affrontare dei rischi necessari in quel favorevole momento della guerra, fu nella battaglia di Creta compensata dall'attività del naviglio sottile, in particolare le torpediniere *Lupo* e *Sagittario* che nella scorte ai convogli di sbarco germanici, dettero esempi di grande combattività, anche se poi mancarono i risultati pratici, sotto forma dei decantati successi. Le piccole unità si distinsero poi nell'appoggiare lo sbarco del contingente italiano della Divisione Regina a Sitia, nella vigilanza navale e antisom, e nell'opera di dragaggio, mostrando sempre la loro attiva presenza.

Meno utile e retributiva alla causa della conquista di Creta fu invece l'attività del naviglio subacqueo. Sebbene negli ultimi dieci giorni di maggio avessero partecipato all'attività bellica 13 sommergibili, essi mancarono nell'opera di vigilanza, che imponeva di segnalare i movimenti delle navi britanniche tra Alessandria e Creta. Inoltre si mostrarono impacciati anche nel ricercare gli attacchi. Il solo *Onice* colse l'occasione il mattino del 21 maggio, lanciando i siluri contro una flottiglia di tre cacciatorpediniere in transito nel Canale di Caso, ma fallì il bersaglio.

In quest'avvilente situazione, s'intende dal solo punto di vista dei risultati pratici, soprattutto se poi confrontati ai grandi successi conseguiti dalla Luftwaffe, qualcosa di concreto, per rendere la pillola meno amara, fu ottenuto dall'Aeronautica italiana dell'Egeo,

Al centro della foto il generale Ulisse Longo, Comandante dell'Aeronautica Egeo, partecipa ad una cerimonia a Rodi. E' preceduto, alla sua destra, dall'ammiraglio Inigo Campioni che nel luglio 1941, lasciata la direzione di Supermarina, forse per la sua responsabilità nell'organizzare l'operazione che portò disastro di Matapan, subentrò nella carica di Governatore e Capo delle Forze Armate dell'Egeo al generale Ettore Bastico, spedito a Tripoli a comandare le forze armate italo-tedesche della Libia.

che pur possedendo forze inadeguate e mezzi obsoleti esplicò fra il 20 e il 31 maggio un totale di 429 missioni: 201 con bombardieri e aerosiluranti, 216 con i caccia, 12 di soccorso, per totale di 1.090 ore di volo. Nel corso di queste missioni 83 velivoli effettuarono il bombardamento e il mitragliamento di obiettivi terrestri, ed altri 31 velivoli l'attacco contro unità navali, che portarono, come detto, all'affondamento dei cacciatorpediniere britannici *Juno* e *Imperial*. Utilissime, per la causa comune, furono poi le molte missioni di ricognizioni, mentre mediocre fu l'attività svolta dagli aerosiluranti, sui quali erano state riposte le maggiori speranze per ottenere il successo. In totale, in quest'attività bellica, apprezzata nell'ambiente della 4ª Luftflotte, furono sganciate 62,7 tonnellate di bombe e 5 siluri.

Anche la collaborazione offerta dalle unità della Regia Marina e dai reparti del Regio Esercito che parteciparono alle operazioni per la conquista di Creta fu molto apprezzata dai comandi tedeschi, mentre il Duce mostrò la propria soddisfazione, non lesinando elogi a Egeomil per come erano state condotte le operazioni dalle tre Forze Armate del possedimento.

Un'impresa ardita come quella di Creta – che fino allo sbarco Alleato in Sicilia del 10 luglio 1943 restò unica nel suo genere per il massiccio impiego di truppe aviotrasportate – non fu più ripetuta dai tedeschi durante la seconda guerra mondiale, perché le loro perdite, tra morti, dispersi e feriti, ascesero a 5.688 uomini, ossia a più del 25% delle truppe impiegate.

Il generale Ettore Bastico, Governatore e Comandante delle Forze Armate italiane dell'Egeo sta scendendo da una macchina, dopo il suo arrivo a Creta appena conquistata. Al centro della foto, arrivato con la stessa autovettura, È il generale tedesco Julius Ringel, Comandante della 5ª Divisione da Montagna, incarico assunto dopo la morte, il 20 maggio, del generale Wilhelm Soussmann.

Questo fatto, a prescindere dalla soddisfazione del successo conseguito, lasciò addolorati Hitler e Göring, che nelle successive fasi della guerra preferirono impiegare i paracadutisti come unità scelte di fanteria, salvo a svolgere alcune missioni speciali, alcune delle quali, come la conquista di Lero nell'ottobre 1943, furono di notevole importanza e svolte con grande ardimento.

Nell'esaminare le conseguenze derivate dalla battaglia di Creta lo storico Hanson W. Baldwin non risparmiò critiche alla politica dell'intransigente difesa dell'isola espressa da parte dei politici e dei militari britannici che, secondo lui, sarebbero *"caduti in una serie di spropositi addirittura madornali"*. La testardaggine dimostrata da Churchill per mantenere il controllo a oltranza di Tobruch e di Creta, espressa con la proclamazione del 1° maggio 1941, in cui affermava di voler *"difendere l'una e l'altra fino alla morte"*, senza preoccuparsi di *"contenere le perdite"* britanniche, era una *"tesi peregrina perché la battaglia era già perduta in partenza"* non esistendo a Creta *"alcun preciso piano per la trasformazione dell'isola in una base navale, né alcun piano di difesa degno di questo nome"*. Lacuna da addebitare al generale Wavell, che per preparare le difese di Creta attese la metà di aprile 1941, quando già si stava determinando al crollo delle forze britanniche nella penisola ellenica, e l'isola appariva ormai palesemente come il prossimo obiettivo del nemico.[76]

---

[76] H. W. Baldwin, "L'invasione di Creta", in *Battaglie vinte e perdute*, cit., p. 193-194.

Alla mancanza di piani, che Churchill avrebbe poi addebitato a una responsabilità *"tra il Cairo e Whitehall"* (il Ministero della Guerra britannico) – perché non concretarono nulla a livello di preparazione e di esecuzione delle difesa di Creta, che risultò *"improvvisata più di quanto fosse stato improvvisato l'attacco tedesco"* – si aggiungevano altri fattori che non vanno sottovalutati. In quel momento le truppe del Medio Oriente si trovavano sulla difensiva e in difficoltà su tutti fronti del Mediterraneo, e il generale Wavell, *"inscritto nel libro nero di Churchill già molto tempo prima della battaglia"* di Creta, era messo alle strette, con le richieste più pressanti che arrivavano dai comandanti locali; ma soprattutto da Londra, con i messaggi di esortazione spediti da Primo Ministro e dal generale John Dill, Capo dello Stato Maggiore Generale Imperiale, e che costituivano per Wavell una intollerabile pressione psicologica, come ebbe a riconoscere il generale John Kennedy, che dirigeva, a Whitehall, il Reparto Operazioni.[77]

Creta, 9 giugno 1941. Il generale Bernhard-Hermann Ramcke decora a Maleme i paracadutisti che più si sono distinti nel corso delle operazioni.

Altri storici britannici – soprattutto quando seppero delle informazioni Ultra che costituirono durante tutta la battaglia una fonte di notizie della massima importanza per conoscere le mosse e le difficoltà del nemico agevolando enormemente la difesa dell'isola – non hanno risparmiato critiche, anch'esse forse troppo ingenerose, al generale Freyberg, e ai suoi comandanti di brigata, accusati di possedere scarse doti di energia e di iniziativa, e quindi di essere stati incapaci di prevedere l'evolversi della situazione, che nei primi due giorni dell'invasione tedesca era stata a loro favorevole, soprattutto nel settore Maleme-La Canea. Sarebbe mancata in quegli uomini la determinazione di ordinare un contrattacco che avrebbe avuto molte possibilità di evitare o ritardare la sconfitta.

---

[77] *Ibidem.*

Infine, Baldwin ha considerato degno di rispetto soltanto l'operato dell'ammiraglio Cunningham, sostenendo che era l'unico Comandante del Medio Oriente a non lasciarsi "*sconcertare da Churchill*"; un uomo risoluto che possedeva, "*con la sua forte e coraggiosa tempra di marinaio e con il suo coraggio morale*", le doti di capacità necessarie per essere "*un acuto stratega*". Egli comprese che senza poter disporre di un adeguato appoggio aereo per fronteggiare gli attacchi dal cielo, il potere navale era destinato a soccombere. E si rese perfettamente conto che nella battaglia di Creta la Royal Navy si stava giocando, con le perdite che stava subendo, la sua supremazia navale nel Mediterraneo, poiché i concetti di forza, nei confronti della flotta italiana, "*avrebbero potuto risultare profondamente alterati*".[78]

Noi riteniamo che la conquista di Creta fosse assolutamente necessaria per i tedeschi, e di riflesso anche degli italiani, perché soltanto il possesso dell'isola avrebbe permesso di difendere il flusso di traffico con lo stretto dei Dardanelli, fino a quel momento controllato dai britannici, e da cui arrivavano le petroliere che trasportavano in Italia, in Francia e in Spagna il greggio vitale per le loro economie interne e di guerra, proveniente dai giacimenti della Romania. Inoltre Creta, rappresentando il controllo dell'Egeo, era una base aerea avanzata di notevole importanza per tutte le operazioni che si svolgevano nel Mediterraneo Orientale e sul fronte del Nord Africa, e costituiva, con il bombardamento e la posa di mine, una fonte di minaccia per la navigazione britannica che si svolgeva nel Canale di Suez. Nello stesso tempo teneva lontane le temute operazioni della RAF dalle raffinerie petrolifere di Ploesti, distanti da Creta 500 miglia, che era una delle maggiori preoccupazioni di Hitler, il quale interpretava quella minaccia aerea anche come una intollerabile interferenza, da sud, sull'operazione Barbarossa.

Nei mesi e negli anni che seguirono alla conquista di Creta, quella grandissima importanza strategica venne in parte a mancare, perché le forze aeree dell'isola dovettero soprattutto impegnarsi a condurre la guerra aerea nel Mediterraneo orientale in rapporto alla situazione nel Nord Africa. Nel contempo la minaccia della Luftwaffe sulle rotte tra Tobruk e Alessandria e nel Mar del Levante costrinse i britannici a rafforzare la protezione di quelle aree minacciate, con artiglieria contraerea e reparti da caccia, fatti arrivare con urgenza dall'Inghilterra. Ben presto il braccio di mare tra Creta e l'Egitto fu tristemente identificato dalla Marina britannica come il "*Bomb Alley*" il "*Viale delle bombe*".

Un'ultima considerazione. Molti storici addebitano la causa principale del ritardato inizio dell'attacco all'Unione Sovietica non è tanto alle operazioni contro Creta ma semmai al colpo di stato avvenuto in Iugoslavia il 27 marzo 1941, che costrinse Hitler a intervenire nei Balcani. L'operazione Barbarossa iniziata con quattro settimane di ritardo il 22 giugno, ebbe conseguenze disastrose per l'Esercito tedesco, poiché le sue unità di punta si presentarono alla periferia di Mosca nell'ottobre 1941, epoca alla quale i primi geli incominciarono a ostacolarne i movimenti. I rigori dell'inverno russo e l'impiego delle divisioni siberiane, spostate a occidente una volta apparso chiaro che il Giappone non avrebbe attaccato alle spalle l'Unione Sovietica, trasformarono la guerra lampo di Hitler nel disastro di una lunghissima guerra d'attrito.

---

[78] *Ibidem*, p. 196-197.

Foto ricordo, al termine della battaglia di Creta, del personale della 281a Squadriglia Aerosiluranti, con gli uomini, e un cagnolino, davanti ad un S. 79, raccolti intorno al loro comandante, capitano Buscaglia.

È comunque da tener presente che la campagna contro la Jugoslavia, iniziata il 6 aprile, si concluse in soli quindici giorni, e che la conquista della Grecia continentale ebbe termine prima della fine del mese. Fu pertanto anche per l'attenzione rivolta a Creta, e per lo sviluppo delle operazioni che portarono alla conquista dell'isola, che si determinò un ritardo di almeno tre settimane per l'attuazione della "Barbarossa"; tempo che può essere stato determinante per impedire alle armate tedesche di conquistare Mosca. L'importanza di tale avvenimento, se fosse riuscito, perché occorre sempre mettere in conto la resistenza opposta dai russi, sarebbe stata di enorme importanza strategica e politica.

Winston Churchill, che nonostante le sue indubbie capacità politiche era, a dispetto delle sue arie, un mediocre stratega, ritenne che i tedeschi, avendo riportato a Creta perdite severe che praticamente misero fuori combattimento la loro unica divisione di paracadutisti, avessero ottenuto soltanto *"una vittoria di Pirro"*. Egli era del parere che quelle formidabili unità speciali germaniche avrebbero potuto conquistare *"facilmente, Cipro, l'Iraq, la Siria e fors'anche la Persia"*, senza trovarvi *"alcuna seria resistenza"*, mentre invece vennero sciupate da Göring impiegandole *"in una lotta mortale, spesso a corpo a corpo, contro i valorosi soldati dell'Impero Britannico"*.[79]

Secondo noi è un punto di vista personale che, esaltando il valore delle truppe britanniche, non teneva conto del fatto che in quel momento i piani di Hitler non prevedevano la conquista di quei territori del Medio Oriente. Anche se a Creta i paracadutisti tedeschi avessero subito perdite modeste, ciò non avrebbe avuto alcuna influenza sulla strategia di

---

[79] W. Churchill, *La Germania punta a oriente*, cit., p. 348.

Hitler, il cui obiettivo primario, lo ripetiamo, era quello di piegare la Russia. Il Führer, che a dispetto dei suoi detrattori era un capo carismatico molto intelligente, anche se criminale, aveva già fissato per quell'estate del 1941 il suo piano di marcia a oriente. Il colpo di stato in Iugoslavia e la conquista di Creta lo avevano costretto a posticiparlo ma, conoscendo la testardaggine di Hitler, nulla avrebbe potuto convincerlo a cambiarlo, nonostante le pressioni esercitate dal generale Student e dal Grande ammiraglio Raeder: il primo perché non vedeva in Russia grandi possibilità d'impiego dei suoi paracadutisti; il secondo che privilegiava il Mediterraneo per motivi di politica navale, volendo scacciarvi la Flotta britannica e avere la possibilità, avanzando in Mesopotamia, di portare la guerra navale dell'Asse nell'Oceano Indiano.

Francesco Mattesini

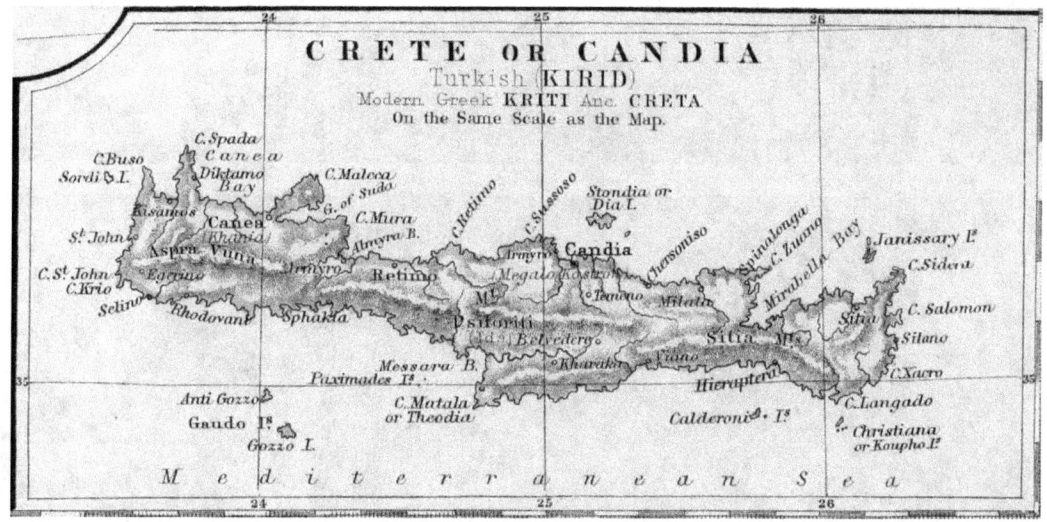

3 giugno 1941. Nelle due belle immagini, scattate da un aereo italiano, l'arrivo a Taranto della torpediniera *Lupo* rimasta danneggiata nello scontro notturno del 21 maggio con le unità britanniche della Forza D. Notare l'equipaggio schierato per il saluto e i fori dei proietti che avevano colpito lo scafo della nave. Sopra, la *Lupo* transita dal Mar Grande nel canale del ponte girevole. Sotto, l'entrata nel Mar piccolo per portarsi all'ormeggio.

UNITA' NAVALI DELLA MEDITERRANEAN FLEET IMPIEGATE NELLA BATTAGLIA DI CRETA
(20 maggio – 1 giugno 1941)

Comandante in Capo della Mediterranena Fleet, con l'insegna sulla nave deposito sommergibili *Medway* ad Alessandria, Ammiraglio Sir Andrew Browne Cunningham

1° SQUADRON NAVI DA BATTAGLIA

1ª DIVISIONE: *Warspite* (capitano di vascelloD.B. Fisher), *Valiant* (capitano di vascelloC.E. Morgan).

2ª DIVISIONE: (Vice Amm. H.D. Pridham-Wippell sulla *Queen Elizabeth*): *Queen Elizabeth* (capitano di vascelloC.B. Barry), *Barham* (capitano di vascelloG.C. Cooke).

NAVI PORTAEREI: (CM D.W. Boyd sulla Formidable); *Formidable* (capitano di vascelloA.W. le T. Bisset).

7ª DIVISIONE INCROCIATORI: (Contrammiraglio H.B. Rawlings sull'*Orion*): *Orion* (capitano di vascelloG.R.B. Back), *Ajax* (capitano di vascelloE.D.B. McCarthy), *Perth* (capitano di vascelloP.W. Bowyer-Smyth), *Phoebe* (capitano di vascelloG. Grantham).

15ª DIVISIONE INCROCIATORI: (Contrammiraglio E.L.S. King sul *Naiad*): *Naiad* (capitano di vascelloM.H.A. Kelsey), *Gloucester* (capitano di vascelloH.A. Rowley) *Fiji* (capitano di vascelloP.B.R.W. William-Powlett).

INCROCIATORI CONTRAEREI: *Calcutta* (capitano di vascelloD.M. Lees), *Carlisle* (*capitano di vascelloT.C. Hampton*), *Coventry capitano di vascelloW.P. Carne*.

POSAMINE VELOCE: *Abdiel* (capitano di vascelloE. Pleydell-Bouverie).

SOMMERGIBILI POSAMINE: *Rorqual* (capitano di fregata R.H. Dewhurst).

SLOOP: *Auckland* (capitano di fregata J.G. Hewitt), *Flamingo* (capitano di fregata J.H. Huntley), *Grimsby* (capitano di fregata K.J. D'Arcy).

FLOTTIGLIE cacciatorpediniere (Contrammiraglio I.G. Glennie sull'incrociatore *Dido*). *Dido* (capitano di vascelloH.W.U. McCall).

2ª FLOTTIGLIA (capitano di vascelloH.St.L. Nicholson sull'*Ilex*): *Ilex* (capitano di vascelloH.St.L. Nicholson), *Isis* (capitano di fregata C.S.B. Swinley), *Hotspur* (tenente di vascello C.P.F. Brown), *Havock* (capitano di corvetta G.R.G. Watkins), *Hero* (capitano di fregata H.W. Biggs), *Hasty* (capitano di corvetta L.R.K. Tyrwhitt), *Hereward* (tenente di vascello W.J. Munn), *Imperial* (capitano di corvetta C.A. De W. Kitcat).

5ª FLOTTIGLIA: (capitano di vascelloLord Louis Mountbatten sul *Kelly*), *Kelly* (capitano di vascelloL. Mountbatten), *Kelvin* (Cap. Fregt. J.H. Alison), *Jackal* (capitano di corvetta R.M.P. Jonas), *Kashmir* (capitano di fregata H.A. King), *Kipling* (capitano di fregata A. St. Clair-Ford).

7ª FLOTTIGLIA, unità australiane (capitano di vascello S.H.T. Arliss sul *Napier*): *Napier* (capitano di vascello S.H.T. Arliss), *Nizam* (capitano di corvetta M.J. Clark).

10ª FLOTTIGLIA, unità australiane meno *Decoy* e *Defender* (capitano di vascello H.M.L. Waller sullo *Stuart*): *Stuart* (capitano di vascello H.M.L. Waller): *Waterhen* (capitano di corvetta J.H. Swain), *Voyager* (capitano di fregata J.C. Morrow), *Vendetta* (capitano di corvetta R. Rhoades), *Vampire* (capitano di fregata J.A. Walsh), *Decoy* (capitano di fregata E.G. McGregor), *Defender* (capitano di corvetta G.L. Farnfield).

14ª FLOTTIGLIA (capitano di vascello P.J. Mack sul *Jervis*): *Jervis* (capitano di vascello P.J. Mack), *Janus* (capitano di fregata J.A.W. Tothill), *Jaguar* (capitano di corvetta J.F.W. Hine), *Juno* (capitano di fregata St. J.R.J. Tyrwitt), *Nubian* (capitano di fregata R.W. Ravenhill), *Greyhound* (C. Freg. W.R. Marshall-A'Deane), *Griffin* (tenente di vascello R.C. Letts), *Kamdahar* (capitano di fregata W.G.A. Robson), *Kimberley* (capitano di corvetta J.S.M. Richardson), *Kingston* (capitano di corvetta Philip Somerville).

COMANDI BASI DI CRETA: N.O.I.C.: Baia di Suda (capitano di vascello J.A.V. Morse), N.O.I.C.: Heraklion (capitano di vascello M.H.S. MacDonald).

DRAGAMINE DI SQUADRA: *Widnes* (capitano di corvetta R.B. Chandler), *Derby* (tenente di vascello F.C.V. Brightman).

NAVI PATTUGLIA: *Kos. 21* (capitano di corvetta I.H. Wilson), *Kos. 22* (tenente di vascello D. Foxon), *Kos 23* (capitano di corvetta L.J. Reid), *Syvern* (capitano di corvetta R.E. Clarke), *Moonstone* (capitano di corvetta P.G. Britten), *Lanner* (Sottot. Vasc. W. Stewart).

10ª FLOTTIGLIA MOTOSILURANTI (capitano di corvetta C.C. Handerson sulla *MTB 67*): *MTB 67* (capitano di corvetta C.C. Handerson), *MTB 68* (tenente di vascello R.R. Smith), *MTB 213* (tenente di vascello W.T.K. Kemble), *MTB 214* (capitano di corvetta E.C. Peake), *MTB 215* (tenente di vascello A. Fowler), *MTB 216* (tenente di vascello C.L. Coles), *MTB 217* (tenente di vascello R. Rickards).

MOTOLANCE: *ML 101* (tenente di vascello A.H. Blake), *ML 1030* (tenente di vascello W.M.O. Cooksey), *ML 1032* (tenente di vascello E.N. Rose).

PERDITE NAVALI BRITANNICHE CAUSATE DALL'AVIAZIONE TEDESCA E ITALIANA NELLA BATTAGLIA DI CRETA
20 Maggio – 1° Giugno 1941

Da David A. Thomas *Crete 1941: The Battle at Sea*

NAVI AFFONDATE

Incrociatori

Gloucester: 22 maggio, 725 morti

Fiji: 22 maggio, 5 morti, 271 dispersi, 24 feriti

York : 23 maggio (era stato gravemente danneggiato il 26 marzo nella Baia di Suda da barchini d'assalto della Marina italiania)

Calcutta: 1 giugno, 9 morti, 108 dispersi, 40 feriti

cacciatorpediniere

Juno: 21 maggio, 12 morti, 116 dispersi, 21 feriti (aerei italiani)

Greyhound: 22 maggio, 1 morto, 83 dispersi, 23 feriti

Kashmir: 23 maggio, 82 dispersi, 14 feriti

Kelly: 23 maggio, 3 morti, 127 dispersi, 17 feriti

Imperial: 29 maggio, nessuna perdita (aerei italiani)

Hereward: 29 maggio, 5 morti, 165 dispersi

NAVI DANNEGGIATE

Corazzate

Warspite: 22 maggio, 19 morti, 24 dispersi, 69 fertiti

Valiant: 22 maggio, nessuna perdita

Barham: 26 maggio, 7 morti, 6 feriti

Portaerei

Formidable: 26 maggio, 12 morti, 10 feriti

Incrociatori

Naiad: 22 maggio, 7 morti, 31 feriti
Carlisle: 22 maggio, 14 morti, 25 feriti
Orion: 26 maggio, 1 morto, 5 dispersi, 24 feriti – 29 maggio, 115 morti, 76 feriti
Ajax: 28 maggio, 6 morti, 19 feriti
Perth: (RAN): 24 maggio, 4 morti, 3 feriti; 29 maggio, 4 morti, 3 fertiti
Dido: 29 maggio, 27 morti, 10 feriti

cacciatorpediniere
Kingston: 21 maggio, 1 morto, 2 feriti
Kipling: 23 maggio, 5 morti, 1 ferito
Havock: 23 maggio, 15 morti, 10 feriti
Griffin: 24 maggio, 1 ferito
Jaguar: 26 maggio, 2 feriti
Nubian: 26 maggioi, 15 morti, 6 feriti
Decoy: 29 maggio, 1 morto, 8 feriti
Kelvin: 29 maggio, 2 morti, 4 feriti
Jervis: 30 maggio, 4 feriti

Dragamine di Squadra
Widnes: 20 maggio

Navi da sbarco
Glenroy: 26 maggio, 1 ferito

Annesso n. 1

FORZE AEREE DELL'ASSE ALL'INIZIO DELL'ATTACCO A CRETA
20 Maggio 1941 LUFTWAFFE

Unità aerea	Base aerea	Tipo velivolo
VIII. Fliegerkorps		
Stab, I, III/KG 2	Menadi	Do 17Z
III/KG 3		
I, II/LG 1	Eleusis	Ju 88A
II/KG 26		He 111H
II/KG 4	Rodi-Gadurra	
Stab, II/StG 1	Argos	Ju 87B
Stab, I/StG 2	Molaoi and Mycene	
III/StG 2	Scarpanto	
I/StG 3	Argos	
I, II, III/StG 77		
Stab, I, II/ZG 26		Bf 110
II/ZG 76		
II, III/JG 77	Molaoi	Bf 109E
I(J)/LG 2		
XI. Fliegerkorps		
Kampfgeschwader zbV 1		
I, II/KG zbV 1	Megara and Corinth	
I, II/KG zbV 172		
Kampfgeschwader zbV 2		
KGr zbV 60	Topolia	Ju 52
KGr zbV 101		
KGr zbV 102		
Kampfgeschwader zbV 3		
KGr zbV 40	Tanagra	
KGr zbV 105		
KGr zbV 106		
I/LLG 1		DFS 230/Ju 52

Nota: Il II/KG 4 era prioritariamente impiegato per le operazioni di posa delle mine nel porto di Alessandria e nel Canale di Suez.

Totale velivoli

Caccia Bf 109E	119
Caccia distruttori Bf 110	114
Bombardieri medi Do 17, He 111, Ju 88	228
Bombardieri in picchiata (Stuka) Ju.87	205
Trasporto Ju 52	520
Alianti	72

Totale 716

Nota: Nel totale degli Ju 52 sono esclusi I velivoli del I/LLG 1.

AERONAUTICA ITALIANA DELL'EGEO

Unità	Squadriglie	Aeroporti	Tipo
56° Gruppo BT	222ª, 223ª	Gadurra	SM.81
41° Gruppo BT	204ª, 205ª Squadriglia	Gadurra	SM.84
50° Gruppo CT	210ª, 211ª Squadriglia	Maritza	Z.1007bis
92° Gruppo BT	200ª, 201ª Squadriglia	Gadurra	SM.79
161ª Squadriglia Aut. CM		Lero	Ro.43/44
162ª Squadriglia Aut. CT		Scarpanto	CR.42
163ª Squadriglia Aut. CT		Gadurra	CR.32/42
172ª Squadriglia RT		Maritza	Z.1007bis
281ª Squadriglia Aut. AS		Gadurra	SM.79sil
Sezione Soccorso		Rhodi	Z.506B

Caccia Terrestri e Idrovolanti	37
Totale velivoli Bombardieri	38
Aerosiluranti	6
Ricogniotori Strategici	2
Idrosoccorso	2

Totale 85

Annesso n. 2

REGIA AMBASCIATA D'ITALIA
(BERLINO)
L'Addetto Militare

Prot. N. 2584/A.   Berlino, lì 6 Giugno 1941-XIX

OGGETTO: *Occupazione di Creta.*

    AL MINISTERO DELLA GUERRA – Gabinetto: ROMA

Trasmetto alcune notizie riassuntive sulle operazioni germaniche per l'occupazione di Creta, facendo presente che l'operazione è stata diretta dallo Stato Maggiore dell'Aeronautica [O.b.DL] e che pertanto le notizie finora avute al riguardo dallo Stato Maggiore dell'Esercito sono assai scarse.

I lineamenti generali delle operazioni sono noti attraverso le poche notizie comunicate e i bollettini del Comando Supremo [O.K.W.].

Partendo danne basi del Peloponneso e dell'Attica si trattava di occupare, mediante paracadutisti, quattro zone di atterraggio (Maleme presso La Canea, Retimo, Heraklion presso Candia e altra zona di cui non mi è noto il nome), per poi sbarcarvi truppe terrestri aeroportate che sarebbero state successivamente rinforzate con truppe e mezzi pesanti trasportati per via mare.

La direzione generale dell'operazione è stata assunta come ho già accennato dall'Aeronautica. E' stata evidente l'intenzione del Maresciallo Göring di poter segnare all'attivo dell'aviazione tedesca un'operazione propria condotta a termine, per compensare in qualche modo la diffusa delusione causata dal mancato sbarco in Inghilterra, che il Maresciallo Göring aveva nell'autunno scorso, dichiarato come sicuro.

Le unità impiegate nell'operazione comprendevano:

L'11° Fliegerkorp;
numerosi reparti di artiglieria contraerea;
550 aeroplani da trasporto truppe;
4 battaglioni paracadutisti;
La 6ª Divisione da montagna;
Altre unità e reparti vari imprecisati, tra i quali i battaglioni pionieri, artiglieria e carri armati.

Complessivamente il corpo di sbarco comprendeva, secondo alcune indicazioni ricevute, 20 battaglioni, inclusi i quattro battaglioni paracadutisti sopra accennati.

Per quanto riguarda lo sviluppo delle operazioni, queste, iniziatesi il 20 maggio, si sono concluse il 1° giugno con la pratica occupazione completa di tutta l'isola. La parte più difficile dell'operazione è stata rappresentata dalla conquista delle zone di atterraggio, per le quali i tedeschi hanno incontrato forti difficoltà dovute alla tenace resistenza inglese. Soltanto l'aeroporto di Maleme poté essere occupato stabilmente fin dai primi giorni, mentre per i rimanenti aeroporti il possesso è stato più lungamente contrastato. Le difficoltà furono superate non soltanto grazie alla capacità tattica delle truppe sbarcate, ma anche mediante l'impiego abbondante di mezzi, senza riguardo a perdite, cosicché è stato assicurato, ai primi elementi sbarcati, il costante afflusso dei rinforzi. Per quanto riguarda il trasporto per mare si sa che esso era affidato a un complesso di bastimenti di piccolo tonnellaggio e in particolare di numerosi motopescherecci, sotto la protezione della Marina Italiana. Tale trasporto per mare ha incontrato inizialmente gravi difficoltà ed ha subito anche qualche perdita.

Un elemento importante della riuscita delle operazioni è stato l'intenso impiego delle due aviazioni alleate contro le forze navali inglesi, le quali, dopo alcuni tentativi, hanno rinunciato definitivamente al loro intervento per impedire l'afflusso di rinforzi.

L'azione aerea tedesca è stata indubbiamente facilitata dal fatto che fin dal primo giorno l'aviazione inglese fu impossibilitata a far uso dei campi dell'isola di Creta e quindi costretta a rinunciare all'impiego dell'aviazione da caccia.

L'operazione, segna, senza dubbio, un brillante successo delle forze armate tedesca, anche per la rapidità con la quale si è svolta. Ricordo che il Führer, in un colloquio avuto il 22 maggio col R. Ambasciatore, dichiarò che contava di condurre a termine l'operazione in tre settimane; praticamente, invece, essa è stata svolta in dieci giorni. Per quanto mi risulta le perdite sono 1500 morti e circa altrettanti feriti; piuttosto ingenti devono essere state le perdite di materiali; le perdite inglesi in morti e feriti non sono note; essi hanno lasciato in mano tedesca circa 8000 prigionieri, mentre risulta che 15000 [uomini] sono stati trasferiti in Egitto.
La riuscita dell'operazione è dovuta all'accurata preparazione, alla organizzazione e alla tenacia dei reparti.

Il comando tedesco riconosce la tenacia dimostrata dalle truppe britanniche, le quali avevano ricevuto un particolare addestramento contro i paracadutisti. La tattica seguita dai reparti britannici sembra sia stata la seguente: azione intensa contro i paracadutisti durante la loro discesa e l'atterraggio; dato che i paracadutisti appena atterrati si mettevano immediatamente al riparo, i difensori attendevano che i paracadutisti stessi si scoprissero per raccogliere il materiale d'armamento, lasciato, cadere dagli aerei, per aprire contro di essi e contro il materiale un intenso fuoco di mitragliatrici e d'artiglieria. Pare che in questo momento i paracadutisti abbiano subito le perdite più intense.
Altro inconveniente riscontrato da parte tedesca è che i paracadutisti si siano troppo sparsi sul terreno, cosicché è stato difficile la loro pronta raccolta per lo svolgimento dell'azione a terra.

Il Maresciallo Göring ha esaltato in un particolare ordine del giorno all'Aeronautica lo svolgimento di questa operazione. In questo ordine è detto "Voi avete dimostrato davanti al mondo l'affermazione del Führer: non esiste alcuna isola imprendibile". Il Führer nel colloquio già accennato, ha dichiarato che le operazioni su Creta rappresentano un utile addestramento per le forze armate tedesche. Dedurre da queste affermazioni che possa ormai considerarsi la possibilità di uno sbarco in Inghilterra a breve scadenza, è cert6amente prematuro, soprattutto perché non pare che gli inglesi abbiano impiegato per la difesa di Creta molti mezzi, né che abbiano predisposto particolari apprestamenti. E' da tenere presente che, secondo alcune recenti notizie, gli inglesi avevano già iniziato l'imbarco dette truppe quando si aprirono le azioni su Creta.

Devo anche segnalare che, dopo il proclama diramato il 2 giugno dal Maresciallo Göring, proclama nel quale, come è naturale, pur facendo cenno alle truppe dell'esercito, si mette soprattutto in evidenza l'opera dell'aviazione, il Maresciallo von Brauchitsch ha ritenuto opportuno rivolgere alle truppe dell'esercito impiegate a Creta un particolare ordine del giorno in data 4 giugno.

IL R. ADDETTO MILITARE

F/to Gen. E.L. Marras

_____

Il Comando Supremo S.I.M. con lettera del 18 giugno 1941, dall'oggetto Germania – Occupazione di Creta, riporta le seguenti perdite complessive subite dalle truppe tedesche:

1.363 morti
1.632 feriti
2.621 dispersi:

_____

5.616 totale

Di cui 1/% circa dell'esercito e 4/5 dell'Aeronautica.

Annesso n. 3

RELAZIONE DEL COMANDANTE DELLA FORZA D SULLE OPERAZIONI AL LARGO DI CRETA DAL 19 AL 23 MAGGIO 1941

Documento allegato alla lettera dell'Addetto Navale Italiano dell'Ambasciata d'Italia a Londra, spedito il 31 Marzo 1981 al Capitano di Vascello Alfredo Civetta dell'Ufficio Storico della Marina Militare

---

Prot. N. 600/257 4 Giugno 1941

AL COMANDANTE IN CAPO DELLA MEDITERRANEAN FLEET

1. Alle 0200 del 19, le unità della Forza D – DIDO (Nave Ammiraglia del C.A. (D) ORION, GREYHOUND e HASTY – salparono da Alessandria alla volta dell'estremità occidentale di Creta. Alle 1310 del 19 fu avvistata la WARSPITE (Nave Ammiraglia del C.S. 7) [7ª Divisione] con la Forza A (1) dalla quale l'AJAX, l'HERO e l'HEREWARD furono distaccati per unirsi a me.

2. La Forza D avanzò in modo da avvicinarsi allo Stretto di Anti Kithera [Cerigotto] alla mezzanotte del 19/20 Maggio e non avendo ricevuto istruzioni di entrare nell'Egeo, ripiegò verso sud-ovest per unirsi alla Forza A (1) alle 0900 del 20 Maggio, restando insieme ad essa fino alle 1830 del 20 Maggio quando la Forza D - DIDO, ORION, AJAX, ISIS, KIMBERLEY, IMPERIAL e JANUS – fu distaccata pr pattugliare gli accessi alle baie di Kissamo e Canea dalle 2200 alle 0700 senza risultati.

3. Alle 0320 l'AJAX e due caccia furono distaccati per perlustrare più da vicino le Baie di Canea e Kissamo; non avendo osservato nulla, questa forza si ricongiunse a me alle 0800.

4. Alle prime luci dell'alba del 21 Maggio, la Forza D fu localizzata da aerei da ricognizione nemici e successivamente bombardata in picchiata in maniera massiccia da 12 e poi da 9 Ju 87. L'AJAX ebbe le assi dell'elica deformate a causa di colpi andati a vuoto di poco. Sull'ORION l'affusto di un cannone Breda si spezzò e il cannone continuò a far fuoco dopo il distacco dell'affusto, uccidendo due uomini e ferendone altri cinque. Durante questi attacchi un apparecchio nemico fu colpito e fu visto in difficoltà.

5. La Forza D si unì alla Forza A (1) alle 1300 del 21 maggio. Gli attacchi aerei continuarono ad intermittenza per tutto il giorno. Alle 1705 fu ricevuta il 16130/21 del Comandante In Capo che ordinava alla Forza D di entrare nell'Egeo. 6)

Il C.S. 7 con la Forza A (1) si portò verso il Canale di Anti Kithera allo scopo di offrirmi il massimo supporto contro attacchi aerei, distaccandomi alle 1920 quando la Forza D – DIDO, ORION, AJAX, JANUS, KIMBERLEY e HEREWARD – fece rotta verso Anti

Kithera alla velocità di 24 nodi. Alle 1930 un violento attacco da parte di altri Ju 87 si concluse con l'abbattimento di due o forze tre velivoli, un buon inizio per le operazioni notturne. Alle 2125, poiché il tracciato indicava che ero in ritardo, fu aumentata la velocità a 28 nodi, con gli incrociatori in linea a proravia e i caccia nella S.D. n. 4 [disposizione di navigazione], in quanto il mio scopo era quello di evitare un attacco di motosiluranti nemiche e di estendere la ricerca. Il mio scopo principale, all'atto dell'avvistamento dei convogli nemici, era quello di attaccare la loro scorta con gli incrociatori, lasciando ai cacciatorpediniere il compito di occuparsi del convoglio.

7) Alle 2330 la Forza che si trovava a circa 18 miglia a nord di Canea con rotta 090 gradi, con il JANUS in posizione per la masca di sinistra del DIDO, si imbatté in un convoglio di caicchi scortati da una o forse due torpediniere italiane. Il DIDO, dirigendosi verso nord si imbatté in una torpediniera nemica che passò a prora e si accostò a dritta dello stesso DIDO e dell'ORION producendo fumo e lanciando siluri.

8) Il DIDO fece una brusca virata a dritta per evitare i siluri e aprì il fuoco con le armi a corta gittata. Una notevole raffica sparata dai complessi a canne multiple fu osservata colpire lungo il ponte di coperta dell'unità nemica ma, poiché il bersaglio era nascosto dall'ORION, il quale virò anch'esso per evitare i siluri, nella foschia causata dal fumo il fuoco [del DIDO] continuò con il risultato che purtroppo l'ORION ricevette una forte raffica, a prora sulla struttura del ponte, che uccise due uomini, ne ferì nove e causò alcuni danni.

9) Alla torpediniera nemica, che passò tra la ORION e l'AJAX fu dato il colpo di grazia dalla seconda con una bordata conclusiva a poppa.

10) Gli incrociatori della Forza D manovrarono nelle vicinanze per due ore incontrando e attaccando numerosi caicchi e un piroscafo di piccole dimensioni. La maggior parte di essi lanciò segnali di riconoscimento. Una volta illuminati si vide che erano pieni di truppe tedesche e battevano bandiera greca. Gli equipaggi logicamente facevano pressione sugli uomini, ammassandosi in coperta e sventolando bandiere bianche e fu molto spiacevole doverli uccidere insieme ai loro insensibili comandanti. Il R.D.F. e l'A.S.V. furono preziosi per condurre la Forza verso nuovi bersagli. I cacciatorpediniere, la cui posizione era all'inizio un po irregolare a causa delle modifiche da me adottate senza segnalazione e ad alta velocità, operarono per lo più separatamente dagli incrociatori e portarono a termine la loro missione con vigore ed entusiasmo.

11) Complessivamente, uno o due piroscafi, almeno una dozzina di cacicchi, il panfilo di piccole dimensioni e uno yacht a vapore furono attaccati e affondati o lasciati in fiamme accanto alla torpediniera distrutta.

12) Alle 0200, dal momento che nelle vicinanze non si trovavano più imbarcazioni nemiche, feci rotta verso ovest virando verso sud alle 0230 allo scopo di dare via libera al GLOUCESTER al quale era stato ordinato (con il 2255/21 del Comandante in Capo) di entrare nell'Egeo attraverso il Canale di Kithera [Cerigo] e di proseguire verso Heraklion.
13) Facendo un'ulteriore esplorazione ad est e a nord e non incontrando altre navi nemiche, virai ad ovest alle 0330 e fissai per la mia Forza un punto di riunione ben definito ad ovest

di Creta (35°23'N, 23°00'E) per le 0600. La decisione di ripiegare non fu da me presa molto volentieri. L'esperienza del giorno precedente mi aveva convinto che il giorno successivo avrebbe visto altri attacchi aerei di portata almeno altrettanto vasta.

14) Il consumo di munizioni A/A durante il giorno precedente era stato il seguente:
    DIDO – 70%
    ORION – 62%
    AJAX – 58%

Di tali munizioni il DIDO ne consumò il 22% tra le 0608 e le 0930, senza sciuparne alcuna. Sembra perciò che la mia Forza avrebbe potuto trovarsi nella incapacità di fronteggiare la prevista portata dell'attacco.

15) La Forza D, localizzata subito dopo l'alba, fu attaccata con bombardamento in picchiata e di altro tipo, anche se non con grande intensità. La Forza D si unì alla Forza A (1) (Nave Ammiraglia del C.S. 7) alle 0800 del 22 Maggio.

16) Alle 1115, il DIDO, l'ORION, l'AJAX, l'HOTSPUR, l'IMPERIAL il JANUS e il KIMBERLEY vennero distaccati e diressero verso Alessandria alla velocità di 28 nodi. Alle 1534 fu ricevuto il 1308 del Comandante in Capo e in conformità con esso, l'AJAX e l'ORION vennero distaccati alle 1730 in posizione 33°23'N, 24°28'E per unirsi al Capitano di Vascello (D) della 14ª Squadriglia Cacciatorpediniere. Queste due navi non ebbero il tempo, comunque, di raggiungere il punto di riunione fissato dal Capitano di Vascello della 14ª Squadriglia Cacciatorpediniere e in seguito fecero rotta per Alessandria, arrivandovi contemporaneamente al DIDO e ai quattro cacciatorpediniere alle 0700 del 23 Maggio.

17. Queste brevi operazioni non richiedono particolari commenti. Le navi furono governate bene e il compito eseguito in maniera soddisfacente. Sono grato ai sotto indicati memori del mio Stato Maggiore i quali in un ambiente nuovo sia per loro che per me mi sono stati di grandissimo aiuto.

    C.F. Bratt, Capo Servizio Artiglieria della Squadra
    C.F. Fisher, Capo Reparto Operazioni della Squadra
    C.C. Miller, Capo Servizio Comunicazioni della Squadra

CONTRAMMIRAGLIO

    F/to Glennie

BIBLIOGRAFIA

Admiralty, *Battle Summary N. 4* (Battaglia di Creta), in Public Record Office, Londra.

Admiralty Historical Secacciatorpediniereion, *Mediterranean*, vol. II, Londra 1957 (fuori commercio),1973, 2 vol.

Ansel W., *Hitler and the Middle Sea*, Duke University Press, Durham 1972.

Baldwin, H.W. *Battaglie vinte e perdute, 1939-1941: La campagna di Polonia, La battaglia d'Inghilterra, L'invasione di Creta*, Milano, Mondatori 1971.

Bekker C., *Luftwaffe*, Milano, Longanesi 1971.

Beevor A., *Creta 1941-1945: La battaglia e la resistenza*, Milano, Rizzoli 2003.

Bernotti R., *Storia della guerra nel Mediterraneo, 1940-1943*, Vito Bianco, Roma 1960.

Cavallero U., *Diario 1940-43*, Ciarrapico, Roma 1984.

Churchill W., *La seconda guerra mondiale*, Parte III, Volume I, *La Germania punta ad oriente*, Mondadori, Milano 1950.

Cocchia, *Sommergibili all'attacco*, Milano, Rizzoli 1955.

Cull B. – Minterne D., *Hurricane over Tobruk. The pirotal role of the Hurricane in the defence of Tobruk, Janaury – June 1941*, Londra, Grub Street 1999.

Cunningham A.B., Rapporto ufficiale del Comandante in Capo della Flotta del Mediterraneo, *The Battle of Creta*, in *Supplement to The London Gazette* n. 38296, Londra, maggio 1948.

Cunningham A.B., *L'odissea di un marinaio*, garzanti, Milano 1952.

Davin D., *Crete,* Official History of New Zealand in the Second World War, 1939-1945, War History Branch, Wellington (NZ) e Oxford Universiti Press, 1953.

Gill G.H., *Royal Austrialian Navy 1939-1942*, vol. I, Australian War Memorial, Camberra 1957.

Gundelach K., *La battaglia di Creta*, in *Le battaglie decisive della 2ª Guerra Mondiale*, Milano, Baldini & Castaldi 1974.

Hillgruber A., *La strategia militare di Hitler*, Rizzoli, Milano 1986.

Hinsley F.H. - Thomas E. E. – Ransom C. F. G. – Knight R.C., *British Intelligence in the second world war*, vol. I, H.M.S.O., Londra 1979.

Krigstagebuch der Seekriegsleitung/Operationsabteilung 1939-1945, Herford-Bonn, Mittler & Sohn, Volume 21.

Long, Gavin, *Greece, Crete and Syria,* Australian War History, Australia War Memoriale, Camberra 1953.

Mattesini F. – Santoni Alberto, *La partecipazione tedesca alla guerra aero-navale nel Mediterraneo (1940-1945)*, Dell'Ateneo & Bizzarri, Roma 1980.

Mattesini F., *L'operazione Gaudo e lo scontro notturno di Capo Matapan*, Ufficio Storico della Marina Militare, Roma 1998.

Mattesini F., *Navi Militari delle nazioni Alleate affondate nel Mediterraneo durante la seconda guerra mondiale (giugno 1940 – maggio 1945)*, in "Bollettino d'Archivio dell'Ufficio Storico della Marina Militare", giugno – settembre - dicembre 2001, marzo – giugno – settembre 2002.

Mattesini F., *Le direttive tecnico - operative di Superaereo*, Vol I – Tomo I (Aprile 1940- Dicembre 1941), Ufficio Storico dello Stato Maggiore dell'Aeronautica, Roma 1992.

Mattesini F., Corrispondenza e Direttive tecnico-operative di Supermarina, Ufficio Storico della Marina Militare, Volume I, II Tomo (agosto – dicembre 1940) e Volume II., I Tomo (gennaio – giugno 1941), Roma 2000 e 2001.

Mattesini F., *L'attivita aerea italo-tedesca nel Mediterraneo. Il contributo del "X Fliegerkorps" gennaio-maggio 1941*, (2ª Edizione riveduta e ampliata) Ufficio Storico dello Stato Maggiore dell'Aeronautica, Roma 2003.

Playfair I.S.O. e altri, *The Mediterranean and the Middle East*, History of the Second World War, Vol. II, HMSO 1956.

Roskill S. W., *The war ot sea 1939-1945*, Vol. I, H.M.S.O., Londra 1954.

Santoro G., *L'Aeronautica italiana nella II guerra mondiale*, vol I, Esse,

Milano 1962.

Shores C. – Cull B. – Malizia N, *Air war for Yugoslavia, Greece and Crete 1940-41.*

Simpson Michael, *The Cunningham Papers*, Cambridge, Scolar Press 1998.

    Stato Maggiore Esercito Ufficio Storico, *Diario storico del Comando Supremo*, Vol. III, Roma 1989.

Tagon P., *Die Gewchichte des Lehrgeschwaders 1*, vol. I, (1936-1942), VDM,

    Zweibruch, 2004.

Thomas D.A., *Crete 1941: The battle at sea*, Efstathia dis Group, Atene, 2002.

Wavell A., *Operazioni nel Medio Oriente dal 7 febbraio 1941 al 15 luglio 1941* (traduzione dell'Ufficio Storico Aeronautica). Pubblicato nel *Supplemento to The London Gazette* del 3 luglio 1946.

Wilmot C., *La lotta per l'Europa*, Milano, Mondadori 1965.

INDICE

La genesi dell'operazione Merkur (Mercurio) ... pag. 3

Il sistema difensivo britannico ... pag. 21

Le cause del mancato intervento della flotta italiana... Pag. 25

Le disposizioni della Mediterranean Fleet... pag. 34

20 maggio 1941: l'inizio dell'invasione di Creta ... pag. 36

Le operazioni del 22 maggio ... pag. 52

Potenza aerea contro potenza navale ... pag. 78

Le operazioni aeronavali del 24 e 25 maggio ... pag. 97

Il bombardamento di Scarpanto ... pag. 106

La rinuncia britannica a difendere Creta ... pag. 117

L'evacuazione britannica da Creta... pag. 120

La pianificazione e lo barco italiano a Creta... pag. 123

L'inizio della evacuazione britannica da Heraklion ... pag. 131

L'ultima missione della Mediterranean Fleet ... pag. 148

Il bilancio delle perdite ... pag. 156

Conclusioni ....pag. 159

Appendici e annessi .... pag. 167

Bibliografia ....pag. 179

TITOLI PUBBLICATI - ALREADY PUBLISHING

www.ingramcontent.com/pod-product-compliance
Lightning Source LLC
LaVergne TN
LVHW081542070526
838199LV00057B/3747